오늘도
남의 눈치를
보았습니다

"TANIN NO ME"GA KININARU HITO E

예민한 게 아니라 섬세한 나를 위한 심리 수업

오늘도
남의 눈치를
보았습니다

미즈시마 히로코 지음
박재현 옮김

샘터

들어가는 글

'다른 사람의 시선 따위는 신경 쓰지 않고 나답게 유유히 살아갈 수 있다면 얼마나 좋을까?'

당신은 이런 생각을 해본 적이 있을 것입니다. 그런데 '남의 시선 따위 신경 쓰지 않아'라고 말할 때 머릿속에는 어떤 이미지가 그려지나요? 자신감 있고, 구김이 없으며 남들이 뭐라고 생각하든 흔들림 없는 모습 아닌가요? 그렇게만 될 수 있다면 얼마나 좋을까요.

실제로 우리는 지나치다 싶을 만큼 남의 시선을 살피며 살아갑니다. 어릴 적부터 어른들에게 "그런 행동을 하면 사람들이 널 어떻게 보겠니?"라는 말을 듣기도 하고, 일상에서 대화를 나누며 종종 '귀엽다' '예쁘다' '못났다' '잘생겼다' '스타일이 좋다' '뚱뚱하다' '멋지다' '패션 감각이 좋다' '촌스럽다' '잘나간다' '기분 나쁘다' 같이 남을 어떻게 생각하는지 표현하는 말들을 사용합니다.

'머리가 좋다' '일을 잘한다'는 말도 마찬가지예요. 이 말들은 마치 '능력'이라는 측면을 말하는 것 같지만 실제로는 '머리가 좋아 보이는가?' '일을 잘하는 것처럼 보이는가?'라는 남들 눈에 비치는 모습을 말합니다.

'체면'이라는 말도 같아요. '체면을 구겼다'는 말은 '다른 사람에게 근사하게 보이려고 했는데 망쳐버렸다'는 의미로 '남의 시선'이라는 문제에서 가장 핵심이 되는 부분이지요.

저는 정신과 의사로 일하면서 강연이나 봉사 등 다채로운 활동을 하는 가운데 수많은 사람과 만났습니다. 그러다 보니 어떤 사람들이 '남의 시선'에 신경 쓰고 고통 받는지를 실감할 수 있었습니다.

나중에 설명하겠지만, 제가 전문적으로 치료하는 병 가운데 하나인 섭식장애를 가진 사람들은 '자신의 체형'에 대한 '남의 시선'을 극단적으로 신경 씁니다.

그 밖에도 '남의 시선'을 신경 써서 생기는 대표적인 병에 대해 대략 소개할 예정인데, 실제로 남의 눈치를 보는 것이 병으로까지 발전하는 사람은 매우 드뭅니다. 평범하게 학교생활이나 사회생활을 하는 듯 보이는 사람 중에도 꽤 많은 사람이 '다른 사람의 눈에 어떻게 보이는가?'에 사로잡혀 고통받고 있어요.

또 이런 경우에는 당사자뿐만 아니라 그 주변 사람까지 영향을 받게 됩니다. 남의 시선에 묶여 눈치를 본다는 말은 곧 다른 사람을 지나치게 신경 쓴다는 말인데, 실제로는 자기 자신만을 맹렬히 보고 있다고 해도 무방합니다. '남들에게 어떻게 보이는가?' 이 말은 오로지 자신에 대한 이야기이니까요. 그렇게 자신만을 생각한 결과, 인간관계가 훼손되는 부작용이 뒤따릅니다.

우리는 다른 사람들과 더불어 살아갑니다. 따라서 남의 시선에 신경을 쓰게 됨으로써 대인관계가 질적으로 낮아지는 현상은 실로 심각한 문제입니다.

이 책에서는 '남의 시선이 신경 쓰이는 현상'에 대해 전반적으로 살펴보면서 우리가 대인관계에서 얻을 수 있는 것들을 알아보려 합니다.

나아가 남의 시선에 얽매어 자신의 가능성을 좁히지 않는 것이 목적입니다. 모든 사람이 진정한 의미에서 관계를 맺고 질 높은 인생을 살아가길 바랍니다.

'남의 시선'과 무관한 사람은 단 한 명도 없습니다. '나는 남의 시선 따위 눈곱만큼도 신경 쓰지 않아!' 하고 말하는 사람도 '남의 시선에 신경 쓰지 않는 듯 보인다'는 '남의 시선'에 사로잡혀 있습니다. 센 척 허세를 부리는 거지요.

또 평소에는 그다지 남의 시선을 신경 쓰지 않았는데, 어떤 일을 계기로 심하게 남의 눈치를 보게 되기도 합니다. 그런

점에 관해서도 설명할 예정입니다.

이 책이 한 명이라도 더 많은 사람에게 힘이 되기를 진심으로 바랍니다.

차례

5장 타인은 대체 어떤 사람일까?

6장 세 가지 관계가 당신을 바꾼다

1장

왜 남의 시선이 신경 쓰이는 걸까?

나를 괴롭히는 '작은 트라우마'

누구나 '다른 사람에게 자신이 어떻게 보일지'를 신경 쓰면서 살아갑니다. 몹시 신경 쓰는 사람이 있는가 하면 그렇지 않은 사람도 있어서 정도 차이가 있을 뿐이죠. 그렇다면 무엇이 그 차이를 낳을까요?

남의 시선을 몹시 신경 쓰는 사람들에게서 보이는 공통점은 비판적이고, 걱정이 많고, 주변에 시시콜콜 간섭하는 사람이 있다는 것입니다. 그리고 비교적 가까운 사람에게 이런 말을 듣기도 합니다.

'그 행동을 하면 딴 사람들이 어떻게 생각하겠니?'
'너는 왜 이렇게 형편없어?'
'○○는 너보다 더 잘하는데…'
'너 때문에 △△가 되어버렸어.'

우리는 어릴 적부터 많은 평가를 받으며 살아왔습니다. '착한 아이' '나쁜 아이' '공부를 잘한다' '운동을 잘한다' '머리가 나쁘다' '요령이 없다' '친절하다' '짓궂다' '스타일이 좋다' '뚱뚱하다' 등등 온갖 평가를 받지요.

물론 그중에서도 부정적인 평가는 우리에게 상처를 줍니

다. 일상생활을 하는 가운데 듣게 되는 부정적인 평가로 받는 상처를 저는 '작은 트라우마'라고 표현합니다(의학적으로 '트라우마'는 생사를 좌우할 만큼 충격적인 체험을 전제로 합니다. 그런데 일상생활에서 '뚱뚱하다'는 말을 들었다고 목숨이 위험한 것은 아니기에 본래의 트라우마와 구별하여 '작은 트라우마'라고 칭하겠습니다).

누구에게나 작은 트라우마는 있습니다. 사람에 따라서는 작은 트라우마(경우에 따라서는 진짜 '트라우마')로 가득한 환경에서 성장하기도 합니다. 주변에 작은 트라우마를 가져다주는 사람밖에 없는 위태로운 환경에 처해 있는 것이죠. 그런 환경에서 성장한 탓에 자기 모습을 안심하고 '있는 그대로' 보여주는 경험을 하지 못하고, 타인을 자신을 평가하고 상처 주는 존재로만 인식하게 됩니다. 자신이 상처 받지 않기 위해 '남의 시선'을 신경 쓰게 되는 것이죠.

주변에 있는 사람들이 직접 작은 트라우마를 안겨주지는 않더라도 '그런 행동을 하면 딴 사람들이 널 어떻게 생각하겠니?'라는 말만 듣고 자란 사람도 타인을 자신을 평가하고 상처 주는 존재로 인식하게 됩니다.

헤아릴 수 없을 만큼 많은 작은 트라우마를 체험해온 사람은 자신에 대한 부정적인 평가를 흡수하며 살아온 까닭에 자신감을 느끼지 못합니다. 타인을 '나를 평가하고 상처 주는 존재'라고 인식해서 자신이 상처받지 않도록, 즉 부정적인 평가를 받지 않도록 '남의 시선'에 신경 쓰는 악순환의 나선계단에 들어서게 되는 것이죠.

이 나선계단은 '타인은 나를 평가하고 상처 주는 존재'라는 인식을 중심으로 하염없이 돌고 또 돌기에 여기서 벗어나기 위해서는 먼저 그 인식을 돌이켜봐야만 합니다.

> **POINT** 남의 시선에 자꾸만 신경 쓰는 사람은 기본적으로 '타인은 나를 평가하고 상처 주는 존재'라고 인식한다.

남의 시선에 신경 쓰는 만큼 자신이 없어진다

'남의 시선에 신경 쓰는 것'과 '자신自信'은 떼려야 뗄 수 없는 관계입니다(3장에서 자세히 다룰 예정). 우리는 진짜 자신이 있으면 남들이 뭐라 생각하든 신경 쓰지 않아요. 자신이 없으니 남의 시선에 신경이 쓰이는 것이죠. 그리고 남의 시선에 신경 쓰면 쓸수록 자신을 얻을 수 없습니다.

생각해보세요. '남의 시선에 신경 쓴다'는 것은 자신自身을 '도마 위의 생선'으로 만드는 셈입니다. 사람들의 평가로 자기 가치를 매겨서 스스로 무기력해지는 짓이죠. '도마 위의 생선'처럼 있다가는 자긍심도 자신감도 가질 수 없습니다.

물론 좋은 평가를 받으면 자신감이 생기는 것 같을지도 몰라요. 하지만 평가하는 주체가 '내'가 아닌 '타인'인 이상, 그것은 진짜 자신감과는 다릅니다. 비록 좋은 평가를 받더라도 '다음에도 좋은 평가를 받아야 해' 하고 압박감은 커지고, 자기보다 더 나은 존재가 등장하면 타인의 이목이 그쪽으로 옮겨갈 텐데, 도마 위의 생선은 그런 상황을 제어할 수 없습니다. 그저 꼼짝 않고 타인의 평가를 견뎌내야만 하는 무기력한 존재죠.

POINT 자신의 가치를 타인의 평가에 맡기는 한 자신감이
생길 리 만무하다.

타인의 평가에 '절대'는 없다

타인에 의한 평가일지라도 그것이 절대적이라면 그나마 자신감이나 자긍심을 가지게 되는 든든한 의지처가 되어줄지 모릅니다.

예컨대 이 세상에 '완벽한 몸매'라는 게 존재한다면 관리를 통해 그런 몸매를 유지함으로써 흔들림 없는 자부심이나 자신감을 가질 수 있겠죠. 그렇다면 분명 남의 시선 따위는 신경 쓰지 않을 겁니다. 단, 그 완벽한 몸매가 영원히 완벽한 채로 있어 준다면요.

하지만 실제로는 그렇지 않아요. 다이어트로 3킬로그램 감량이라는 목표는 얼마든지 달성할 수 있습니다. 이제껏 입지 못했던 옷도 멋지게 입을 수 있어서 기쁘고 그만큼 자신감도 생기겠죠. 그러나 눈을 조금만 돌리면 '더 날씬한 사람' '더 스타일이 좋은 사람'은 얼마든지 있습니다. 그러면 돌연 자신을 잃게 됩니다. 현실에서 자기보다 더 스타일이 좋은 사람이 단 한 명도 없는 일은 있을 수 없기에 '스타일이 좋아지면 자신이 생긴다'는 데는 끝이 없어요.

게다가 다이어트를 하는 데 어려움이 있다면 날씬한 몸매를 꾸준히 유지하기 힘들겠죠. 일반적으로 사람이 굶주린 상태로 견딜 수 있는 기간은 약 3주 정도라고 합니다. 따라서 조금만 방심하면 요요현상으로 다시 원래 몸매로 돌아옵니다. 그러면 '더 독하게 다이어트하자'며 노력하는데, 이는 마치 벨트 컨베이어를 가열하게 역주행하는 것과 같아요.

그 밖에 패션이나 메이크업, 인간관계나 언행에서도 기본 구조는 같습니다. 어떠한 자신감일지라도 타인의 평가가 기저에 깔려 있다면 '더 나은 것'이 등장한 순간 사그라지는 몹시 불안정한 감정일 뿐입니다. 자신을 돋보이게 할 옷을 입거나 화장을 해도 감각적으로 더 뛰어난 사람을 보면 돌연 자신감이 뚝 떨어지고 말죠.

유행은 쉬지 않고 계속 변하기에 늘 정보를 수집하고 감각을 단련하지 않으면 뒤처집니다. 자기가 선택한 결혼 상대자가 완벽한 사람이라고 생각하지만 무심코 다른 이의 결혼 상대자와 비교하고는 자신의 선택이 옳은지 의심하기도 합니다. 이야기나 메일 답신이 공기를 잘 읽고 있는지를 항상 신경 쓰지만 어느 때에 평판이 좋았던 이야기도 다른 상황에서는 흥을 깨기도 하고, 누구에게는 적절했던 메일 답신 타이밍이 다른 이에게는 늦을지도 모릅니다. 이런 것들에 '완벽'은 없습니다. 이렇듯 평가는 늘 불안정하여 진짜 자신감을 얻기 힘듭니다.

자격증이나 시험 점수 같은 얼핏 '절대적'으로 보이는 것도 상대에 따라서 제각기 다른 가치로 받아들여집니다. 자격증을 획득하고 '해냈다!'며 자신감을 만끽하는 것도 잠시 '더 유망한' 자격증을 딴 사람이 등장하면 자신이 딴 자격증 따위는 왠지 부족하게 보이죠. 똑같은 자격증을 딴 사람들에게도 '누가 더 유능한가'라는 문제는 뒤따르기 마련입니다.

바로 이 부분이 '남의 시선' 때문에 가장 힘든 점 중 하나입니다. 타인의 평가는 어디까지나 '상대평가'로 남이 결정하는 것이기 때문이죠. 자기보다 잘생긴 사람이 나타나면 자신을 잃고, 어느 누가 멋있다고 말해도 다른 누가 비판적으로 말하면 역시 자신을 잃습니다. 이처럼 타인에 의한 상대평가만큼 불안정한 것도 없어요.

이 불안정함은 실제로 '타인이 나를 어떻게 보고 있는가'라는 문제를 넘어 '어쩌면 내가 ○○로 보이는 게 아닐까?'라는 강박관념을 끊임없이 만들어냅니다. 타인의 속마음을 읽는 건 불가능하기에 흔들림 없이 안심하고 싶다면 상대의 표정이나 태도로 상대의 마음을 읽으려는 노력이 필요합니다. 그것이 '혹시 ○○로 보이는 게 아닐까?' '말로는 칭찬해도 마음속으로는 △△라고 생각하는 게 아닐까?'라는 식의 강박관념으로 이어지지요.

POINT 타인의 평가는 불안정하기에 그것을 근거로 삼아 행동하는 동안에는 흔들림 없는 안도감을 느낄 수 없다.

누구보다 혹독한 평가자, '나'

살아가면서 남의 시선을 중요하게 생각하면 자기도 모르는 사이에 서서히 '도마 위의 생선' 같은 신세가 되어버립니다. 단정한 모습으로 상대의 평가를 기다리고, 조금이라도 불안한 요소가 있으면 다시 자신의 매무새를 바르게 가다듬은 뒤 상대의 재평가를 기다리는 일을 반복하는 것이죠.

이런 식으로 살면 금방 지쳐 나가떨어집니다. 남의 시선에 맞춰 자신을 바꾸려면 아무래도 자신의 안 좋은 부분만 보게 되니까요. 자기 자신을 부정적인 눈으로 보지 않으면 남에게 나쁘게 보일지도 모르는 단점을 점검할 수 없으니 그 결과 자신이 그 누구보다도 혹독한 평가자가 되어버립니다.

이때 점검은 끝이 없어서 아무리 바람직한 방향으로 개선해도 여전히 어느 부분이 좋지 않다는 부정적인 눈으로 자신의 단점을 찾아냅니다. 그야말로 출구 없는 나선계단을 빙글빙글 도는 것과 같죠.

이 나선계단에 출구가 없다는 사실은 그 구조를 봐도 알 수 있습니다. 우리는 자신감을 가지려고 타인에게 좋은 평가를 받으려 해요. 동시에 자신감만 있다면 이렇듯 타인의 평가에 신경 쓸 리 없다는 것도 잘 알죠. 결국 남의 시선에 신경 쓰면 쓸수록 자신감을 잃는다는 문제에 직면하게 됩니다. 자신감을 느끼고자 남의 시선을 신경 쓰지만, 남의 시선을 신경 쓸 때마다 '자신 없는 나'를 실감하게 되는 어처구니없는 상황에 빠지는 거죠. 이는 결국 출구 없는 나선계단을 끊임없이 오르게 되는 악순환입니다.

차분히 생각해보면 이 구조를 이해할 수 있습니다. '타인이 나를 긍정적으로 평가해주면 자신감이 생긴다'고 믿을 때는 그것이 마치 진실인 양 보이죠. 그로 인해 자신이 출구 없는 나선계단을 하염없이 오르고 있다는 사실조차 인지하지 못합니다. 타인의 평가에 맞춰 변화해간다면 언젠가 그 악순환에서 벗어날 출구에 다다를 수 있다고 믿는 것이죠.

POINT 남의 시선에 무게를 두면 자신을 끊임없이 점검하고 자신감을 잃게 되는 악순환에 빠진다.

남이 평가해주지 않는 나는 무가치한 걸까?

이 나선계단의 문제는 단순히 '출구가 없다'는 것만이 아닙니다. 빙글빙글 돌고 또 도는 그 자체만으로 자긍심이나 자신감을 앗아가 사람을 무기력하게 만든다는 게 가장 큰 문제예요. '혹시 나를 ○○로 생각하는 게 아닐까?'라고 자꾸만 자신의 '부족한 부분'만을 보며 살아가기에 더욱더 자신을 잃습니다. 도마 위의 생선처럼 지내는 한 우리는 점차 무기력한 존재가 되어갑니다.

이 나선계단의 바탕에는 '타인에게 긍정적인 평가를 받지 못하면 나에게는 가치가 없다'는 굳은 신조가 있습니다. 애당초 '타인에게 좋은 평가를 받으면 자신감이 생긴다'는 그릇된 가설 위에 성립된 나선계단으로, 자긍심이나 자신감을 타인의 평가에 의존한다는 건 말 그대로 '타인에게 긍정적으로 평가받지 않는다면 자신은 무가치하다'는 의미예요. 따라서 남의 시선에 신경 쓰는 마음에 대응하는 일은 자신의 진정한 가치를 알아가는 여정이기도 합니다.

단, 여기서 주의가 필요해요. '자신의 가치'라는 키워드 앞에서 다시금 어긋난 방향으로 나아가는 사람이 꽤 많기 때문이죠. 능력이나 성격, 업적 같은 것을 사람의 '진정한 가치'라고 생각하기 쉬운데, 여기에는 큰 함정이 있습니다. 능력도 성격도 업적도 모두 타인의 평가라는 점이에요.

'능력이 있다   vs.   없다'
'성격이 좋다   vs.   나쁘다'
'무엇을 이루었는가   vs.   이루지 못했는가'

이런 것들은 하나같이 외부에서 평가할 수 있는 것들입니다. 하지만 자신의 진정한 가치는 외부에서 평가할 수 있는 게 아니에요. 이에 대해서는 계속 살펴보기로 하고, 자신의 진짜 가치를 아는 것이 어떤 상황에서도 흔들리지 않는 자긍심이나 자부심으로 이어진다는 사실을 명심하세요.

POINT 자신의 진짜 가치는 외부에서 평가할 수 없다.

평가에 감춰진 폭력성

평가란 무엇일까요? 우리는 어떤 것을 보면 그것을 자기 나름으로 소화하려고 합니다. 또한 생물로서 항상 자신의 안전을 확보하도록 만들어져 있죠. 이질적인 것이 눈앞에 나타나면 그것을 어떻게든 소화하여 적절히 판단하지 않으면 안전하지 않다고 생각하고 불안해집니다.

바로 눈앞에 나타난 이질적인 것을 소화하려는 시도가 '평가'입니다. 자신의 눈앞에 버젓이 등장한 이질적인 것에 대하여 자신이 알고 있는 사실을 토대로 '그것이 어떤 것인지'를 판단하는 일이지요. '좋은' 것이라고 평가하면 안심하고, '나쁜' 것이라고 평가하면 싫어하고, '위험한' 것이라고 평가하면 멀찌감치 거리를 둡니다. 또 자신보다 '뛰어난' 것이라고 평가하면 존중하고 '못한' 것이라고 평가하면 얕잡아봅니다.

이러한 행위 자체는 생물로서 당연한 본능이니 나쁘다고 할 수 없습니다. 그러나 그것이 '개인의 평가'라는 사실을 잊는 데서 문제가 생깁니다. 본래 평가는 '개인'이 알고 있는 사실에 근거하여 '개인'이 판단하는 것입니다. 그래서 똑같은 것을 보고도 저마다 다른 평가를 하게 되지요.

이처럼 평가란 지극히 개인적이고 주관적인데, 그런 자각 없이 유일하고 절대적인 진리인 양 상대에게 강요하는 일이

잦습니다. 이는 일종의 폭력입니다. 그 사람에게는 그만이 아는 사정이 있습니다. 그런데 흔히 그것을 무시하고 단정 짓고는 강요하는 태도를 가집니다. 평가에 이런 폭력성이 감춰져 있기에 당연히 상처받고 작은 트라우마를 느끼는 사람이 생길 수밖에요.

POINT 평가에는 상대의 사정을 무시한 '단정'과 '강요'라는 폭력성이 숨어 있다.

긍정적인 평가에 가려진 폭력성

여기까지 읽고 '나는 상처받는 게 두렵지 않다. 그저 인정받고 싶을 뿐'이라고 말하는 사람도 있겠지요. 승인이나 칭찬이라는 형태로 '평가'받고자 하는 건데 사실 이 경우에도 내재하여 있는 구조는 다르지 않습니다.

'타인에게 인정받아야 한다' '칭찬받아야 한다' 이 말도 자신이 없다는 것을 방증합니다. 비록 상처받을까 봐 움찔거리지는 않아도 칭찬받지 않으면 역시 상처받지요. 그런데 어째서 칭찬받지 않으면 견딜 수 없는 걸까요? 왜냐하면 우리는 이제껏 평가받으며 살아왔기 때문입니다. 평소 다른 사람의 평가를 근거로 '나는 잘하고 있다' '나는 이걸로 됐다'고 판단해왔기에 타인이 칭찬해주지 않으면 이대로 괜찮은지 불안하고 무능한 인간처럼 느껴지는 것이죠. 더구나 폭력성은 부정적인 평가에만 있는 게 아닙니다. '칭찬'이라는 긍정적인 평가에도 어떤 폭력성이 숨어 있습니다.

예컨대 직장 동료 중 어느 한 사람만 '일 잘한다'는 칭찬을 받았다고 해봅시다. 이는 상대적으로 자신은 '일을 못 한다'는 평가를 받은 것과 크게 다르지 않으니 기분이 나빠질 수도 있어요. 반대로 자신이 '일 잘한다'는 칭찬을 받았다고 해도 그 당시는 잠시 기쁘겠지만 곧 '앞으로 절대 실수해서는 안 된다'는 압박감이 밀려옵니다. 자신감이 없는 사람이라면 '나의 참모습을 알면 그런 칭찬은 못 할 것'이라며 진짜 자기 모습이 알려질까 전전긍긍하게 될지도 몰라요.

'살이 빠졌네'라는 말을 듣고 한순간 기쁘지만, 곧 '앞으로 살찌면 안 돼'라는 생각에 불안해집니다. '멋있다'는 칭찬을 듣고는 '다음에도 잘 입어 칭찬받자'며 긴장합니다. 칭찬이 이런 사고로 이어지기도 하는 걸 보면 긍정적인 평가에도 단정이나 구속 같은 여러 폭력성이 숨겨져 있다는 사실을 알 수 있습니다.

POINT 타인의 승인이나 칭찬도 부정적인 평가와 구조는 별반 다르지 않다.

평가에 신경 쓰는 사람과
그렇지 않은 사람

여기저기서 평가를 받을 때 분명 그 평가에 신경 쓰고 상처받는 사람과 그렇지 않은 사람이 있습니다. 이들 사이에는 대체 어떤 차이가 있는 걸까요?

일반적으로 '상처 입는 사람'은 타인의 평가를 몹시 신경 쓴다고 합니다. 그런데 '몹시 신경 쓴다'는 말을 듣고 웬만하면 신경 쓰지 않으려고 노력해본 사람이라면 알 거예요. '신경 쓰지 말자'는 방식이 그다지 효과가 없다는 것을.

그 이유는 간단합니다. '몹시 신경 쓴다'는 평가가 또 다른 작은 트라우마를 불러오기 때문이죠. 어떤 사람이 '당신은 남의 시선을 꽤 신경 쓰는군요'라는 말을 해오면, 남의 시선을 신경 쓰는 사람은 '타인은 나를 평가하고 상처 주는 존재'라는 인식을 강화하고 그 결과 더욱 남의 시선에 신경 쓰게 됩니다.

'신경 쓰지 말자'고 홀로 굳게 마음먹어도 생각대로 되지 않아요. 오히려 이번에는 남의 시선을 너무 신경 쓰는 듯 보이는 자신이 신경 쓰입니다. '너무 신경 쓴다'는 건 이미 그 사람이 '타인이란 자신을 평가하고 상처 주는 존재'로 강하게 인식하고 있다는 의미입니다.

반면 타인의 시선 따위는 그다지 신경 쓰지 않는 사람은 좀 다른 인식을 가집니다. 타인의 평가에 대하여 '그 사람은 나를 이런 식으로 보고 있구나' '나는 나, 너는 너'라며 자신과 타인을 명확하게 구분하지요. 이런 사람은 '사람들은 저마다 다른 관점을 지닌다'는 사실을 성장하면서 배웠을 것입니다. 작은 트라우마로 가득한 환경에서 일방적으로 무엇인가를 강요받으며 자란 사람은 여간해서 갖기 힘든 인식이죠.

누군가가 자신을 평가할 때 '사실 그렇지 않다' '그런 식으로 말하다니 불쾌하다. 그러니 그만둬라' 하고 단호하게 말하는 사람도 있습니다. 이런 사람은 평가란 어디까지나 일시적이고 주관적인 것으로, 어떻게 대응하는지에 따라서 얼마든지 달라질 수 있다는 사실을 잘 알고 있습니다. 비록 달라지지 않아도 '이제 그 이야기는 그만하자'며 대화 자체를 거부할 자유가 있다는 것도 잘 알죠. 이런 태도는 대등한 인간관계 속에서 성장하는 가운데 자연스럽게 키워지는 것으로, 역시 작은 트라우마로 가득한 성장 환경에서는 좀처럼 가지기 힘듭니다.

이처럼 평가란 일시적이고 주관적이라는 사실을 알면 타인의 시선을 받아들이는 관점이 달라집니다. 타인의 시선이 상대의 주관에 기초한 상대평가라는 것을 알기에 '좋은 평가를 받자'는 생각에 미치지 않는 것이죠. 상대가 자신을 어떤 식으로 평가하든 그것은 '상대'가 '현시점'에서 내린 평가에 지나지 않는다는 걸 너무도 잘 알고 있기 때문입니다.

상대가 현시점에서 내린 평가는 상대가 현재 가지고 있는 문제를 반영하기도 해서 자신이 어떻게 처신하는가에 따라 얼마든지 바뀔 수도 있습니다. 그런데도 타인의 평가를 절대적인 것으로 받아들이면, '평가가 나쁜 이유는 나에게 문제가 있기 때문'이라는 식으로 해석하여 더 나은 평가를 받기 위해 행동하지 않으면 안 된다는 악순환에 빠지고 맙니다.

따라서 남의 시선을 신경 쓰는 사람과 그렇지 않은 사람의 본질적인 차이는 타인의 평가를 어떤 식으로 인식하는지에 따른다고 볼 수 있어요. 자꾸만 남의 시선에 신경 쓰는 이유를 자신감이 없는 데서 찾으려 하면 '더 나은 모습으로 나를 바꾸자'는 출구 없는 나선계단에 들어서고야 맙니다. 하지만 그 본질이 평가에 대한 인식에 있다는 걸 알면 '어떻게 대처해야 할지' 그 방법이 보입니다.

POINT 평가는 어디까지나 일시적이고 주관적이라는 인식을 가진 사람은 남의 시선에 신경 쓰지 않는다.

부정적인 말은 '진실'이 아니다

누군가에게 어떤 말을 들었을 때 그것을 어떻게 받아들이느냐는 '그 사람이 어떤 환경에서 성장해왔는가'만으로는 알수 없습니다. '자신이 어떻게 보일지'는 지나치게 신경 쓰면서 그 외에는 타인의 말을 아무 가치 없는 것으로 여겨 그저흘려듣는 사람도 있거든요.

예컨대 어느 병에 관해서 이야기할 때, 그 병의 전문가가 말할 때는 진지하게 귀담아듣지만 아무것도 모르는 사람의 말에는 일절 귀 기울이지 않기도 합니다.

이처럼 우리는 '평범한 사실'에 대해서는 '누구의 의견을 들어야 할지'를 가늠할 수 있습니다. 그러나 비상시에 누가 진실을 말하는지 알 수 없는 상황이 되어버리면, 모든 사람의 의견을 대중없이 듣고 모순되는 정보 앞에 안절부절못하게 됩니다.

남의 시선에 신경 쓸 때, 우리는 이와 같은 상태가 됩니다. 자신에 대하여 타인이 어떤 말을 한다는 그 자체가 자신의 잘못을 지적받는 '비상사태'니까요. 실제로 어떤 말을 듣지 않더라도 '상대가 나를 나쁘게 생각하는 게 아닐까?'라고 생각하는 상황은 실로 위험한 상황입니다.

이럴 때 우리는 모든 정보를 거르지 않고 곧이곧대로 흡수해요. 특히 유독 위험한 냄새를 풀풀 풍기는 정보에 시선을 빼앗기기에 십상이죠. 어떤 위험에든 대비해야 하는 때이기에 위험한 정보일수록 신경 쓰이기 때문입니다.

따라서 남의 시선을 몹시 신경 쓰는 사람은 '타인의 부정적인 말'을 틀림없는 '진실'로 받아들입니다. 본디 '타인의 부정적인 말'은 지극히 개인적인 것으로 그 말을 한 사람의 주관적인 느낌을 반영합니다. 적어도 진실이 아니에요. 하지만 '나를 나쁘게 생각하는 게 아닐까?'라는 강박관념을 가지고 있으면 위기감을 느끼고 위험 정보(상대가 자신에게 하는 부정적인 말)만을 보게 됩니다.

POINT 남의 시선을 신경 쓰는 동안에는 통상적인 판단을 할 수 없다. 그러니 타인의 말을 '진실'인 양 곧이곧대로 흡수해서는 안 된다.

2장

작은 트라우마를 치유하는 힌트

작은 트라우마가 쌓여
생기는 병

지금까지 '남의 시선을 신경 쓰는 것'과 그에 따른 자신감 상실에 관해 이야기했습니다. 사실 이것만으로도 인생은 충분히 고단해집니다. 그런데 그 가운데 마음의 병까지 앓는 사람도 있습니다. 이 장에서는 그런 병을 앓고 있는 상황에서 작은 트라우마를 치유하는 방법에 대해 알아봅시다.

남의 시선을 신경 써서 생기는 마음의 병으로는 섭식장애(거식증·폭식증), 사회불안장애, 신체변형장애, 우울증 등이 있습니다(41쪽 참조). 저는 이러한 병들의 치료법인 대인관계요법의 전문가로, 대인관계요법은 섭식장애든 사회불안장애든 우울증이든 큰 효과를 발휘하는 참으로 흥미로운 치료법이에요.

통상 섭식장애의 치료법이라고 하면 '어떻게 먹을 것인가'나 체형에 대한 감각에 초점을 맞춘다고 생각하는데(실제 인지행동요법은 그렇습니다), 대인관계요법에서는 '사람 앞에 서면 불안하다'는 감정에 초점을 맞춥니다. 실제로 사회불안장애에 대한 인지행동요법은 불안을 제어하는 데 초점을 맞추지만 대인관계요법에서는 그렇지 않아요.

실제 치료 과정에서는 일단 증상은 '뒷전으로 미루고' 실질적인 인간관계 속에서 느끼는 감정에 중점을 둡니다. 여기서 증상을 '뒷전으로 미룬다'는 점이 새로워요. 대인관계요법에서는 '병'이라는 사실을 명확히 합니다.

예컨대 섭식장애라면 '날씬해지고 싶은 마음'이나 '살찌는 게 두려운 마음'과 그로 인해 나타나는 폭식을 '어쩔 수 없는' 증상으로 보고 그것 때문에 인간관계가 휘둘리지 않게 합니다. '왜 당신은 그토록 몸매에 신경 쓰는가'라는 관점에서 '몸매에 신경 쓰는 병이니 어쩔 수 없다'는 관점으로 전환하고, 어떠한 스트레스에 의해 증상이 심해지는지를 살핍니다. 주변 사람들도 '몸매를 신경 쓰는 병이니 어쩔 수 없죠' '스트레스로 폭식하는 병이니 방도가 없죠'라는 인식을 가지면, 병을 앓고 있는 당사자를 비난하여 작은 트라우마를 키우는 것을 멈출 수 있습니다.

치료에 대한 상세한 내용은 제 저서 『거식증·폭식증을 대인관계요법으로 고친다(국내 미 출간)』에서 상세히 언급했는데요. 그 책의 핵심 내용은 '인간의 가치는 타인의 평가에 좌우되지 않는다'는 것으로 이론적인 접근에 그치지 않고 사람들과 관계를 맺으면서 실제로 느끼는 과정을 밟습니다.

아무리 인간의 가치는 평가에 좌우되는 것이 아니라고 백 번 말해도 당사자가 남의 눈을 신경 쓰는 병을 앓고 있으면 그런 자기 모습을 부끄럽게 여겨 작은 트라우마를 쌓게 될 수 있으니까요.

POINT '증상은 뒷전으로 미루고, 병이니 어쩔 수 없다'는 관점에서 시작하는 대인관계요법이 작은 트라우마를 치유하는 힌트다.

섭식장애(거식증·폭식증)

깡말랐는데도 체중이 느는 것을 공포로 느끼는 증상이 거식증, 자기 몸매가 마음에 들지 않아 단식하고, 그러다가 돌연 폭식으로 이어지지만, 곧 모조리 토하는 과정을 반복하는 증상이 폭식증이다. 거식증이든 폭식증이든 생활의 자유를 크게 앗아가는 병으로 치유가 필요하다.

사회불안장애

사람들 앞에서 부끄러운 행동을 하거나 이상한 행동을 하는 건 아닐까 노심초사하며 자꾸만 사람을 피하는 병이다. 대개 은둔형 외톨이가 되는데, 유독 연설만 서툰 사람도 있어 그 때문에 회사를 그만두기도 할 만큼 고통스러운 병이다.

신체변형장애

사실 그렇지 않은데(혹은 경증인데) 자신의 외모가 추하다고 굳게 믿어버리는 병이다. 미용 성형을 반복하기도 하지만, 그 결과에 결코 만족하지 못하고 '나는 못생겼다'며 오래도록 거울을 바라보며 지내는 등 사회생활을 하기 힘들다.

우울증

우울증은 남의 시선을 신경 쓴다기보다 한심한 자신이라는 존재가 '민폐를 끼친다' '살아갈 의미가 없다'는 식으로 생각하는 병이다. 기력도 의욕도 없어 줄곧 '나는 안 돼!'라고 생각한다. 섭식장애, 사회불안장애, 신체변형장애와 나란히 '어차피 나는 살아갈 가치가 없는 존재'라는 생각에서 자살을 선택하기도 하는 증상이다.

대인관계요법

대인관계요법으로 치료받으면서 사람들은 '있는 그대로'를 인정받는 체험을 하게 됩니다. 지금 자신이 어떤 식으로 '느꼈는지'를 주변 사람들이 순순히 수긍해주기 때문이죠. 본디 우리가 느끼는 감정에 부적절한 것은 없습니다. 상대의 말을 어떻게 느끼는지는 그 상황이 자신에게 어떠한 의미가 있는지를 뜻해요.

우리는 각자 다르게 타고났고 이제껏 살아오면서 경험한 것도 다릅니다. 하물며 현재 처한 사정도 달라요. 따라서 어떠한 상황이 사람에 따라 각기 다른 의미를 가지는 것은 당연하고, 거기서 받는 느낌도 제각각인 거죠.

예컨대 '그런 말을 들으면 상처받는다'는 말은 그 사람이 어떤 식으로 느끼고 있는가의 문제로, 여기에 부적절한 것은 없습니다. '뭐 그런 말로 상처 받을 것까진 없잖아?'라고 생각하는 사람도 있겠지만 당사자가 가진 사정을 생각하면 적절하게 느끼고 있는 거예요.

남의 시선을 신경 쓰는 '병'에 걸린 사람 대부분은 작은 트라우마로 가득한 환경에서 성장해왔고, 그 자신이 처한 상황을 받아들이는 방식에 있어 늘 '당신은 왜 그런 식으로밖에 생각하지 않죠?'라는 비난을 받아왔습니다. 따라서 외부에서 직접 스트레스를 받는 데다 남의 시선까지 신경 쓰면서 스트레스를 느끼는 자신을 '이런 일로 상처받다니 나란 인간은 정말 약해 빠졌어' '고작 이것 때문에 스트레스를 느끼다니 나는 바보야'라고 책망하고 스스로 작은 스트레스를 만들어냅니다.

'있는 그대로'를 인정받는 것은 자신이 느끼는 방식까지도 인정받는다는 것으로, 사실 너무도 당연한 일입니다. 오히려 있는 그대로의 모습을 인정받지 못하는 게 이상하죠. 비록 상대가 '그런 식으로 받아들이다니 좀 이상하군요?'라고 말해도 그것은 당사자가 자의적으로 제어할 수 있는 게 아닙니다. 여러 가지 일들이 일어난 결과로서 오는 것이죠.

치료 중 자신의 있는 그대로를 인정받는 체험을 하면 약을 먹지 않고도 병을 고칠 만큼 놀라운 효과가 나타납니다. '이런 식으로 느껴도 괜찮구나' 하는 안도감이 자긍심을 높여주어 작은 트라우마가 치유됩니다.

여기서 중요한 것은 현재 상황을 받아들이는 것이지 결코 '범인 찾기'가 아니에요. '누군가가 나를 비판해서 이렇게 되었다'고 추궁하기보다는 그만큼 자신이 힘든 상황에 있었다는 것을 인정하세요. 그런 상황에서 어쩔 수 없이 '남의 시선'에 신경 썼다고 이해하는 게 중요합니다.

그 자세한 이유는 몰라도 좋아요. 단지 어떤 이유가 있었고 그 결과로서 지금 자신은 이렇게 '남의 시선'을 살피게 되었다고 인정하면 됩니다. 남의 시선에 신경 쓰는 데는 그럴 만한 이유가 분명히 있어요.

이 같은 단계를 거치지 않으면 남의 시선에 신경 쓰는 마음을 내려놓을 수 없습니다. '우선은 이것으로 됐다'며 현재 상황을 인정할 수만 있다면 남의 시선에 신경 쓰는 마음에서 벗어날 수 있는 토대가 만들어집니다.

POINT 있는 그대로를 인정받는 체험은 작은 트라우마를 치유하는 효과가 있다.

있는 그대로의 모습을
인정받지 못할 때

섭식장애나 사회불안장애를 가진 사람들의 특징 중 하나는 자신을 있는 그대로 인정받은 경험이 턱없이 부족하다는 점입니다.

상대에게 '왜 그래요?' '당신 이상해요'라고 대놓고 비판하는 사람도 있지만 '그런 행동을 하면 딴 사람들이 뭐라고 생각하겠어요?'라는 식으로 에둘러 자신의 어떤 의문을 제기하는 사람도 있습니다.

'이상하다'는 말을 들으면 그런 말을 다시 듣지 않도록 남의 시선에 맞춰서 자신을 만들게 됩니다. 그러다 보면 너무도 당연하게 남의 시선에 신경 쓰게 되고 스트레스가 쌓여 일정 수준을 넘으면 남의 시선에 신경 쓰는 '병'에 걸리기도 합니다. 병에 걸리면, 그것이 또 주변 사람들의 비판이나 걱정의 대상이 되죠.

거식증인 사람에게는 '가족에게 걱정을 끼치면서까지 어째서 살을 빼려는 거죠?'라고 말합니다. 폭식증인 사람에게는 '멋대로 구는 데다 인내심도 부족하군요' '먹고 토하고 먹고 토하고… 당신이 동물과 다를 게 뭐죠?' '지구상에는 굶주림에 시달리는 사람도 있어요'라는 말로 섭식장애를 비판하죠.

사회불안장애를 겪는 사람에게는 '몹시 신경 쓴다'고 비판합니다. '아무도 딴 사람에게 그리 신경 쓰지 않아. 자의식 과잉 아냐?'라는 말을 아무렇게나 하면서요.

신체변형장애에 대해서는 아직 알려진 바가 그리 많지 않은데, 학대나 괴롭힘을 겪은 사람에게 심심치 않게 일어납니다. 학대나 괴롭힘은 자신의 모습을 있는 그대로 인정받지 못하는 전형적인 체험이에요. 또한 학대나 괴롭힘을 당하는 사람은 자신이 그 같은 일을 당하는 이유를 끝내 알지 못할 수도 있습니다. 왜냐하면 단순히 상대의 기분에 따라 일어나는 일이 압도적으로 많거든요. 자신이 괴롭힘을 당하는 이유를 모르면 예방 차원에서 할 수 있는 일은 단 한 가지뿐입니다. 괴롭힘을 당하지 않도록, 될 수 있는 대로 타인에게 비판받지 않는 자신을 만드는 것이죠. 따라서 너무도 쉽게 남의 시선에 신경 쓰는 마음이 생기게 됩니다.

POINT 타인의 비판에 맞춰 자신을 만들다 스트레스가 일정 수준을 넘으면 병으로 발전할 우려가 있다.

타인을 있는 그대로
인정하고 있는가?

'있는 그대로를 인정하자'고 하면 반드시 '그랬다가 제멋대로 하는 사람이 되어버리면 어떻게 해?'라는 반발의 목소리가 뒤따릅니다. 하지만 여기에는 커다란 모순이 있어요. 남의 시선에 신경 쓴 나머지 '있는 그대로'를 인정하지 않는 것이 오히려 '제멋대로'가 아닐까요? 왜냐하면 딴 사람의 시선을 신경 쓴다는 것은 '자신이 어떻게 보일까?'라는 생각이 상대를 생각하는 마음보다 중요한 자기중심적인 사고방식이기 때문입니다.

이 사고방식은 상대가 무엇을 원하는지, 어떻게 해주는 것이 상대에게 가장 좋은지를 생각하는 '배려'와는 달라요. 타인을 있는 그대로 인정하는 것이 배려입니다. 사실 본연의 자신을 곧이곧대로 인정받지 못한 사람은 상대도 있는 그대로 인정하는 것에 서툴러요. 마음속에 '인간은 이러해야 한다'는 마음이 너무 강하게 도사리고 있어서 상대의 모습도 부적절하게 인식하지요.

그런 까닭에 배려보다는 '상대는 이래야 한다'는 마음이 강합니다. 상대의 사소한 말이나 행동에 분노를 느끼는 것도 그 때문이죠. 동시에 남의 시선을 신경 쓰기 때문에 대개 분노를 있는 그대로 표현하지 않습니다. 그래서 더욱 스트레스가 쌓입니다.

배려는 본디 상대의 현실에 맞춘 것이 아니면 의미가 없습니다. 즉 자신을 있는 그대로 인정받는 동시에 상대도 있는 그대로 인정하는 태도에서 진짜 배려가 나온답니다.

POINT 있는 그대로의 자기 모습을 인정받지 못한 사람은 상대의 그런 모습도 인정하지 못하는 자기중심적인 사람이 되기 쉽다.

'상상 속 타인'에서
'눈앞에 있는 사람'으로

　타인의 시선에 신경 쓴다는 말은 곧 타인을 의식한다는 의미입니다. 그래서 철저히 남을 의식하지 않는 감각에 대해 알아둘 필요가 있어요. 사람은 타인을 '날씬한가/뚱뚱한가' '화장을 잘하는가/못하는가' '감각이 좋은가/나쁜가' '일을 잘하는가/못하는가'라는 평가의 대상으로만 보지는 않거든요.

　예컨대 이전보다 살이 찐 사람과 만났을 때 순간적으로 '우와, 뚱뚱해졌다'는 생각이 들지도 몰라요. 하지만 곧 '이런 생각은 상대에게 실례다' '무슨 사정이 있었을까?'라는 데까지 생각이 미치고 그 결과 아무 일 없다는 듯 행동하지요. '타인'이라는 존재는 그만큼 복잡합니다.

　그런데 남의 시선을 신경 쓰는 대다수 사람은 눈앞에 있는 상대가 얼마나 복잡한 존재인지를 인식하지 못해요. 자신이 머릿속으로 상상한 타인만 떠올리고, 실제로는 상대와 거의 대화를 나누지 않아서 현실의 상대가 어떤 상황에 놓여 있는지 모를 때가 많죠. 즉 남의 시선을 신경 쓰는 사람은 현실적인 인간관계를 맺었던 경험이 부족할지도 모릅니다.

　이 말은 '대인관계 능력이 없다'라거나 '친구가 적다'는 의미가 아닙니다. 작은 트라우마에 의해 형성된 '타인은 나를 평가하고 상처 주는 존재'라는 굳은 신조에 지배당하는 것입니다. 타인을 두려운 존재로 인식하면 그 실체와 깊은 관계를 맺고자 하는 생각 자체를 하지 못해요.

대인관계요법을 이용한 치료에서는 사실적인 인간관계 속에서 의사소통이 이뤄지고 여러 가지 것들을 실감하게 됩니다. 그러는 가운데 조금씩 타인은 자신을 평가하고 상처 주는 존재라는 의식을 멀찍이 밀어냅니다.

'타인은 나를 평가하고 상처 주는 존재'라는 인식에 근거하여 상상한 타인에 사로잡히는 것이 아니라, 바로 눈앞에 있는 살아있는 상대와 주거니 받거니 의사소통하는 과정에서 여러 가지 것들을 얻을 수 있습니다. 그 과정에서 자신이 생각했던 것만큼 상대가 자신을 나쁘게 보고 있지 않다는 사실도 깨닫게 됩니다. 실제로 대화를 나누고 마음을 전할 수 있다면 자신에 대한 상대의 선입견도 얼마든지 바꿀 수 있어요.

한편 상대도 완벽하지 않다는 사실을 알게 되는 것도 큰 수확입니다.

'이 애도 나름대로 사정이 있는 인간이구나.'
'늘 완벽하게 행동하는 건 아니구나.'
'부적절한 행동을 하기도 하네.'

이런 것을 알면 상대의 말을 어느 정도의 가치로 인식해야 할지 가늠할 수 있어요.

결국 상대가 하는 말은 '진실'이 아닌 그저 상대가 지금 느끼고 있는 것에 지나지 않는다는 걸 알게 됩니다. 그리고 상대에게도 노력이 필요한 부분이 있다고 생각하게 되지요(5장에서 자세히).

남의 시선이 자꾸 신경 쓰이는 병을 치료하는 데서 얻은 힌트는 그대로 보통 사람들에게도 응용할 수 있습니다.

POINT 상상 속의 타인과는 대화를 나눌 수 없다. 눈앞에 있는 상대와 직접 관계를 맺으며 인식을 바꿔가자.

3장

자신감은
생기는 게 아니다

'자신감만 생기면…'의 딜레마

사람들은 '자신감만 생기면' 남의 시선에 신경 쓰는 마음은 얼마든지 좋아질 것이라고 믿습니다.

'자신감만 생기면 몸매가 나빠도 당당히 살아갈 수 있다.'

'자신감만 있다면 아무 옷이나 입어도 괜찮다.'

'자신감만 생기면, 또 호쾌하게 일할 수 있다면, 어떤 옷차림도 멋져 보일 거다.'

'자신감만 있으면 민낯으로도 당당히 사람을 만날 수 있다.'

'자신감만 생기면 명품 따윈 없어도 주눅 들지 않을 거다.'

'좋은 브랜드가 아닌 가방을 들어도 충분히 존재감을 드러낼 거다.'

'자신감만 있다면 짐짓 어떤 인물인 양 가장하지 않고 있는 그대로를 보일 수 있다.'

'자신감만 생기면 화술이나 대화 내용에 주저하지 않고 당당히 내 생각을 말할 수 있다.'

이런 '자신감만 생기면'이라는 생각은 남의 시선에 신경 쓰는 마음과 밀접한 관계가 있습니다. 남의 시선에 맞춰 자신을 바꾸면 자신감이 생길 것이라는 생각과 자신감만 생기면 남의 시선 따윈 신경 쓰지 않을 것이라는 생각이 맞물려 세상의 이목을 살피면서 살아가는 악순환이 만들어집니다. 그러나 '자신감'의 문제는 남의 시선에 신경 쓰는 마음의 악순환 속에서만 존재하는 것은 아닙니다. 애당초 '자신감만 생기면'이라는 그 생각 자체가 문제예요.

'자신감만 생기면'이라는 생각을 할 때 우리의 시선은 어디를 향하고 있을까요? '어떻게 해야 자신감이 생길까? 나는 아무것도 못 하는데…'라며 안절부절못하거나 '○○자격증을 따고 자신감을 키우자'는 생각에 미치지 않나요? 이런 생각들은 모두 '어떤 것을 할 수 있는 나' '무엇인가를 가진 나'라는 자신에 대한 평가에 눈길이 갑니다.

결국 '자신감만 생기면'이라는 말은 타인의 시선을 통해 본 근사한 자신의 모습으로, '나에 대한 평가만 좋으면'이라는 말과 다를 바 없습니다. 출구 없는 나선계단을 끊임없이 오르듯 '자신감만 생기면'이라는 생각에 매달릴수록 자신을 잃게 되는 것이죠.

'자신감만 생기면'이라는 말과 '자신에 대한 평가만 좋으면'이라는 말은 현재 자긍심이 없다는 부분에서 공통합니다. '자신감만 생기면'이라는 말은 곧 '자신自信 없다'는 말이고, '자신自身에 대한 평가만 좋으면'이라는 말은 곧 '자신에 대한 평가가 낮다'는 말이죠. '무능한 자신'을 샅샅이 자기 자신에게 보여주는 것과 같습니다.

'자신 있다'는 감정에는 물론 문제가 없습니다. 그러나 '자신감만 생기면'이라고 말하면 현재 자신自信 없는 자신自身에게 강렬한 초점이 맞춰집니다. '자신 없는 자신'에게 자신감을 가질 리 없고 '자신감만 생기면'이라는 생각에 매달릴수록 자신감을 잃는 구조에 빠집니다.

POINT '자신감만 생기면'이라는 생각은 현재 자신自身에게 자신自信이 없다는 사실을 부각한다.

대다수 사람이 생각하는 자신감은 그저 이미지일 뿐이다

그런데 '자신감'이란 대체 무엇일까요? 자기 자신을 사랑하고, 자신에게는 능력이 있고, 타인에게 어떤 말을 듣는 것 정도로는 꿈쩍하지 않는 그런 느낌이 아닐까요? 남의 시선 따위는 신경 쓰지 않아도 되는 흔들림 없는 '축'이 자기 안에 있는 느낌말입니다. 여하튼 사람들에게 무슨 말을 듣는 것 정도로는 상처받지 않는 강한 자신自身이 머릿속에 떠오를 테지요.

그런데 대다수 사람에게 자신감이란 그저 머릿속 이미지에 불과할 뿐이지 않을까요? 왜냐하면 '자신감만 생기면'이라고 생각하는 사람은 자신감의 진짜 모습이 어떤지를 모르거든요. 자신 있어 보이는 사람을 보고 '저런 게 자신 있는 모습'이라고 생각한 것이 자신감이라는 이미지로 이어진 게 아닐까요?

하지만 그 이미지대로 행동한다고 해서 자신감이 생기지는 않아요. 예컨대 '자신 있다'는 것은 '사람들 앞에서 떨지 않고 당당히 내 의견을 말하는 것'이라고 머릿속에 이미지화해도 실제로 누군가가 조금이라도 부정적인 말을 하면 역시나 신경이 쓰입니다. 겉으로는 얼마든지 당당히 행동할 수 있지만, 속으로는 콩닥콩닥 심장이 뛰고요. 이를 자신 있는 모습이라고 말할 수는 없겠죠. 결국 아무리 머릿속에 있는 이미지처럼 자신 있는 양 연기해도 진정한 자신감을 느끼지 못한다면 의미가 없습니다.

POINT 우리가 머릿속에 그리는 '자신 있는' 모습은 어디까지나 이미지일 뿐, 진짜 자신감은 아니다.

진짜 자신감이란 어떤 걸까?

'자신감만 생기면'이라는 말에서 '자신감'은 흔들림 없고, 일단 손에 넣으면 웬만한 작은 일로는 꿈쩍도 하지 않는 것이라는 생각이 듭니다. 하물며 자기 힘으로 얻어 내는 것으로 여겨지죠. 우선 스스로 자신감을 키우고, 그 이후에 타인과 당당히 관계를 맺을 수 있다고 생각합니다.

이런 식으로 접근하면 자신감은 마치 어떤 '물체' 같아요. 근력 트레이닝으로 근육을 단련하면 이후 어떤 힘든 노동에도 견딜 수 있는 것처럼 말이죠.

그러나 실제 자신감은 그런 게 아닙니다. 자신감은 '자기 자신을 긍정하는 마음'을 느낄 수 있는가의 문제예요. 자기 자신을 긍정적으로 느낄 때 우리는 '자신自信 있다'고 생각합니다. '나는 이대로 좋아!'라는 감각만이 진정한 의미에서 자신감이에요. 결국 '자신감이 없다'는 건 실제 자신自身이 그렇다는 것이 아니라 어디까지나 '자기 자신을 어떻게 느끼는가'의 이야기입니다.

객관적으로 봤을 때 똑같이 행동해도 어떤 사람은 그런 자신에게 자신감을 느끼고 또 어떤 사람은 자신감을 느끼지 못합니다. 때때로 '저토록 아름답고 일도 잘하는데 어째서 자신 없어 할까?'라는 의문을 떠올리게 하는 사람을 만나는데, 이

것은 자신감이 '자기 자신을 어떻게 느끼는가'라는 방식의 문제라는 것을 여실히 보여줍니다.

POINT 자신감은 어디서 얻거나 키우는 것이 아니라 그저 '느끼는' 것이다. 자기 자신을 긍정하는 마음을 느낄 수 있을 때 진정한 자신감이 생긴다.

자긍심만으로는 부족하다

작은 트라우마를 많이 가진 사람이 자신감에 넘칠 리 만무합니다. 당연하죠. 자기 자신에게 '못났다' '한심하다'는 부정적인 평만 하는 사람이 자신을 긍정적으로 느낄 리 없잖아요. '못난 나' '한심한 나'라는 생각 자체가 자신을 부정적으로 생각하고 있음을 보여줍니다.

자신감의 중요 포인트는 '자기 자신을 어떻게 느끼고 있는가'입니다. 자부심이나 자긍심과도 일맥상통하지요. 그리고 자신감은 근육처럼 훈련을 통해 미리 '키우는' 게 아니라 '느끼는' 것입니다. 어느 때, 어느 장소에서 자신을 어떻게 느끼는가? 그것이 '자신 있다'라거나 '자신 없다'는 감각으로 이어집니다. 따라서 자신감을 느끼기를 원한다면 먼저 자신감을 키우기 위해 노력할 게 아니라 오로지 '그때 그곳, 그 상황에서 자신을 긍정적으로 생각할' 필요가 있습니다.

남의 시선을 통해 본 자신이 만족스럽다면 긍정적인 감정이 생깁니다. 그런 의미에서 보면 '남의 시선'과 '자신감'은 무관하지 않네요. 단지 여기서 중요한 것은 '자신이 만족스럽다'는 부분입니다. 타인에게 긍정적으로 평가받는 데 무게를 두지 않고 '자신을 긍정적으로 느끼는지'가 중요하지요.

그런데 이때 자기 자신을 긍정적으로 '평가하는 것'을 주의해야 합니다. 예를 들어 '오늘 내 머리 모양이 마음에 들어'라고 말할 때 자신이 평가자로서 '오늘 머리 모양'을 좋게 평가하는 것일지도 모릅니다. 이때 자신보다 더 멋진 머리 모양을 한 사람이 나타나면 '좋다'는 감각은 순식간에 뒤집어집니다. 평가는 상대적이기 때문이죠.

한편 평가를 넘어 오늘의 자신에게 어울리는 머리 모양으로 '느낀'다면 더 멋진 머리 모양을 한 사람이 나타나도 별반 영향을 받지 않습니다. '나에게 어울린다'는 느낌은 어떤 것에도 흔들리지 않기 때문입니다.

> **POINT** 자신이 좋다는 느낌은 웬만한 일로는 흔들리지 않는다.

'자신의 좋은 점을 발견하라'는 말에 숨은 함정

'자신감을 키우고 싶다'는 말만큼이나 자주 듣는 말은 '나를 좋아하고 싶다'는 말입니다. 최근 들어 '자신을 사랑하자!'는 말을 자주 듣는데, 물론 자신을 좋아하고 아끼는 것은 정말로 멋진 일이에요. 하지만 어떻게 하면 자기 자신을 좋아할 수 있을까요? 또 본디 '좋다'는 감정은 어떤 것일까요?

'좋다'는 개념은 의외로 모호합니다. '본연의 모습에 대한 애정'을 의미하기도 하지만 '긍정적인 평가'를 의미하기도 하거든요. 전자는 조건 없는 사랑이고, 후자는 조건부 사랑입니다. 후자는 '일을 척척 잘 해내는 자신이 좋은' 것으로 자칫 일이 생각대로 잘 안 될 때는 자신이 싫어집니다.

'자신의 좋은 점을 발견하라'는 방식으로 접근하면 이따금 너무 억지스러워서 효과도 오르지 않습니다. 당연하지요. '자신의 좋은 점'이라는 것은 조건부 사랑을 위한 '조건'에 지나지 않기 때문입니다. 그리고 그 '조건'이란 기본적으로 자신에 대한 평가에 기인합니다.

'내 밝은 성격이 좋다!'라고 말해도 어딘지 억지스러워 진짜로 '좋다'고 느끼기 어렵습니다. 하물며 누군가가 '밝다고 좋은 건 아니다'라는 말을 하기라도 하면 '내가 좋다'는 마음은 흔들립니다. 또한 자신의 장점을 찾으려고 해도 그것을 상대의 평가에 의지하면 '단점'에만 자꾸 눈길이 가기에 오히려 자신을 좋아하지 못하게 됩니다.

진정으로 자신을 좋아하고 싶다면 '좋은 점을 찾을' 게 아니라 자신을 부정적인 시선으로 보고 평가하지 않는 것이 더 쉬운 방법일지 몰라요. 자신을 비딱한 시선으로 보고 부정적으로 평가하지 않는다는 것은, 자신의 모습을 있는 그대로 인정하는 것입니다. 어딘가 좀 마음에 들지 않아도 '사람이니 어쩔 수 없다'고 자신에게 말해줄 수 있어야 합니다.

결국 '내가 좋다'는 것은 자기 자신에게 비판적인 것이 아니라 자신을 있는 그대로 인정하는 모습입니다. 자신의 좋은 점을 발견하는 것이 아니라 장점은 물론 단점도 포함하여 '지금 나는 이걸로 됐다'고 생각하는 온화한 마음입니다.

POINT 조건을 근거로 삼으면 자기 본연의 모습을 좋아하지 못할 우려가 있다.

자신감의 근원 ①
"자신을 있는 그대로 인정한다"

자신을 가져라, 자신을 사랑하라, 이런 말의 핵심은 '있는 그대로의 자신을 인정하자'는 것입니다. 그런데 자신에게 결점이 있어 앞으로 개선해갈 부분이 있는데 자신을 있는 그대로 인정하면 인간으로서 성장이 멈출지도 모른다는 걱정을 할 수도 있습니다.

하지만 절대 그렇지 않아요. 자신을 있는 그대로 인정한다는 것은 '현재'의 자신을 인정한다는 의미입니다. '현재 자신이 어떤 상태에 있는가?'는 지금까지 살아오면서 여러 사정(선천적인 것, 이제까지 경험해온 일들)이 반영된 결과입니다.

즉 자신을 있는 그대로 인정하는 것은 지금까지 살아오는 동안 여러 사정이 반영된 결과로서 지금의 자신이 있다는 사실을 인정하는 것입니다. 이때 중요한 관점은 '나는 최선을 다했다'는 마음가짐입니다.

'그렇지 않아. 나는 늘 노력이 부족했어.' 이런 생각은 작은 트라우마가 반영된 결과입니다. 최선을 다하지 않았을 리 없어요. 인내심이나 노력이 부족해서가 아니라 축적된 피로나 체력적 한계, 혹은 정신 상태 등 어떤 이유가 있었기 때문입니다. 그때의 자신에게 할 수 없었던 어떤 이유가 있었기 때문이에요. 이는 노력 부족이 아닌 단순한 한계입니다. 그런 한계 속에서 할 수 있는 일을 해온 결과가 지금의 상황이기에 그것을 그저 인정하면 '노력이 부족했다'는 평가를 할 필요가 없습니다.

현재 상황을 있는 그대로 인정해도 앞으로 얼마든지 발전할 수 있습니다. 반대로, 지금 상황을 인정하지 않으면 '더 노력했어야 했다'며 과거의 일에 매달려 앞으로 할 수 있는 발전도 할 수 없게 되어버립니다.

POINT 현재의 자신은 '최선을 다해온' 결과다. 지금껏 살아오면서 결코 노력이 부족했던 게 아니다.

자신감의 근원 ②
"지금의 나는 이걸로 좋다"

장점은 물론 단점까지 포함하여 '지금의 나는 이걸로 좋다'고 있는 그대로를 인정하는 사람은 다른 사람에게 어떤 말을 들어도 꿈쩍도 하지 않습니다. 다른 사람이 말하기 전에 이미 자신의 단점을 인정하고 있어서 놀라지 않는 것이죠. 혹은, '저 사람은 그렇게 생각하지만, 나는 이대로 좋아' '분명 안 좋은 점이 있기는 하지만, 지금 나는 이것밖에 못 해'라는 식으로 생각하는 것일지도 몰라요.

이런 사람은 흘려들을 이야기는 흘려듣고 받아들이면 좋은 이야기는 귀담아듣습니다. 이는 흔히 자신 있는 사람을 떠올릴 때 그려지는 모습입니다. 이런 태도는 타인이 무슨 말을 하든 흔들림 없이 자신에게 유익한 부분만을 받아들일 만큼 강인하기 때문에 나타납니다.

즉 자신감의 중요한 요소 중 하나는 '있는 그대로의 자신을 인정하는' 것입니다. 조금만 생각해보면 당연한 일인데, 자신을 있는 그대로 인정하지 않으면 늘 '개선해야만 하는' 부분에 자꾸만 시선을 빼앗기죠. 그런 상태를 두고 자신 있다고는 말할 수 없습니다.

현재의 자신을 순순히 인정하면 장차 성장할 수 없을지 모른다는 의문에 대해서는 어떤 답을 하면 좋을까요? 자신 있는 사람, 결국 지금 자신을 있는 그대로 인정하고 받아들이는 사람은 진취적으로 성장해갈 수 있습니다. 왜냐하면, 성장이란 지금 자신을 긍정하는 것을 토대로 성립하기 때문이지요. 반대로 '이대로는 안 돼' '좀 더 좋게 개선해야 한다'는 생각 위에 어떤 것을 쌓아 올리면 그 토대부터 무너지고 맙니다.

간혹 자신을 있는 그대로 인정하는 것이 대체 '무슨 말인지 모르겠다' '무엇을 어떻게 하면 좋을지 모르겠다'고 말하는 사람이 있습니다. 자신을 있는 그대로 인정하기 위해 특별히 무엇인가를 해야 하는 것은 아닙니다. 오히려 '아무것도 하지 않는' 것이 도움이 되기도 하죠. 자신의 현재 상황에 긍정적인 평가는 물론 부정적인 평가도 하지 마세요. 그저 '일단 지금의 나는 이래서 좋다'만 생각하세요.

앞으로 개선할 부분이 있다고 해도 그것은 지금의 자신이라는 연장선 위에 추가하면 되는 것으로 '지금의 내가 못났다'는 의미는 아닙니다. 물론 자신을 부정적으로 인식하는 감각은 작은 트라우마에 의해 만들어진 것입니다. 자신이 진짜로 못난 것이 아니라 그만큼 수많은 작은 트라우마의 영향을 받아왔다는 사실을 알아차리는 것만으로 충분합니다.

POINT '나는 글러 먹었어'라는 감각은 실제로 자신이 무능

해서가 아니라 작은 트라우마에 의해 만들어진 것임을 알
아차리자.

자신감의 근원 ③
"나는 괜찮을 거야"

자신감을 느끼게 하는 또 다른 요소는 '나는 괜찮다' '나에게는 충분한 힘이 있다'라는 믿음입니다. 구체적으로 어떤 학력이나 업무 능력을 말하는 게 아니에요. 오히려 표면적인 학력이나 업무 능력은 타인의 평가로 갈리는 것으로, 자신보다 더 유능한 사람이 나타난 순간 질투심에 자신감을 잃을 만큼 불안정합니다.

여기서 말하는 '자신이 가진 힘'이란 '나는 괜찮을 거야'라는 감각입니다. 여러 일이 있겠지만 나는 어떻게든 해낼 수 있다고 믿는 마음이죠. 자신에 대한 신뢰이고 안심입니다. 단순히 자신뿐 아니라 자신을 돕는 주위 사람들, 도움을 청하면 어떤 식으로든 도움을 주는 사회까지도 '성실히 살면 언제든 도움받을 수 있는 자신'에 대한 신뢰와 안심이라고 말할 수 있습니다.

사실 이런 감각이 매우 중요해요. 인생은 여러 가지 변화에 적응해가는 연속으로 그럴 때마다 '나는 결국 괜찮을 거야'라고 생각하는가, 아니면 그때마다 토대부터 무너져 압도당하는가에 의해 큰 차이가 생깁니다. '나는 괜찮을 거야'라는 감각은 내면에서 생기는 것으로 지금까지 설명해온 '자신을 있는 그대로 인정하는 마음'과 깊은 관계가 있습니다. '지금은 이것으로 됐다'고 생각할 수 있다면 인생을 전반적으로 '나는 괜찮을 거야'라고 믿고 살아갈 수 있습니다.

물론 그 결과가 어떨지는 예측할 수 없습니다. 그러나 어떤 순간에도 '지금은 이것으로 됐다'고 생각하면 언제나 '괜찮다'고 느낄 수 있어요. 결과가 어떻게 될까 걱정하는 것보다 언제든 '지금은 이것으로 됐다'는 생각이 '괜찮다'는 마음으로 이어집니다.

POINT 자신을 있는 그대로 인정하는 '지금은 이것으로 됐다'는 마음이 '나는 괜찮을 거야'라는 신뢰로 이어지고 자신감을 낳는다.

4장

평가 대상에서 스스로 생각하는 주체로

나를 '긍정적'으로 느낄 힘

　자신감을 느끼기 위해서는 자신감을 키워야 하는 것이 아니라, 그때 그 자리, 그 상황에 접했을 때 자신을 '긍정적'으로 생각하고 있는 그대로 인정해야 한다고 말했습니다. 그래야만 '일방적으로 평가되는 자신'에서 '스스로 생각하는 주체로서의 자신'으로 돌아서게 됩니다.

　그러나 지금껏 작은 트라우마를 받아온 사람들은 이 전환에 대해 이해하지 못하고 '주체적으로 생각할 수 없다' '내가 어떤 식으로 느끼는지 잘 모르겠다'며 혼란스러워합니다. 그런 사람들에게 왜 그러지 못하는지 질책하면 다시 작은 트라우마가 증가할 따름입니다.

　여기서 반드시 명심해야 할 것은 누구나 자신을 '긍정적'으로 느낄 힘을 이미 가지고 있다는 점입니다. 먼저 '자신이 어떤 식으로 느끼고 있는지 몰라' 혼란스러워하는 모습을 있는 그대로 인정합니다. 그리고 작게나마 무엇인가를 느꼈을 때 '과연 그런 식으로 느끼는 것이 적절한지'를 의심하지 말고 그저 그런 자신을 칭찬합니다.

　'어떤 식으로 느끼는가?' '어떻게 생각하는가?'는 그 사람이 선천적으로 타고난 성정과 지금껏 겪어온 경험을 통해 봤을 때 그 상황이 어떤 의미를 가지는지를 말합니다. 따라서 어떻게 느끼든 부적절하지 않아요. 그 모든 것이 그 사람의 사정을 반영한 적절한 감정이기 때문입니다. 모든 것은 자신을 긍정하는 것에서 시작합니다.

POINT 어떻게 느끼고 생각하든 그런 자신을 칭찬하고 인정함으로써 점차 '긍정적'으로 느끼는 힘을 자신의 것으로 만든다.

진짜 나를 느끼는 법

남들에게 보일 '성격을 만들어내는' 사람들은 그 성격에 따라 상황을 다양한 방식으로 느끼기 때문에 어떤 감정이 진짜 자신의 것인지 알 수 없는 일이 흔히 일어납니다. 어떤 식으로 느끼고 생각하든 모두 만들어낸 '가짜'처럼 보이는 것이죠. 이러할 때에도 그런 자신을 인정하는 것부터 시작합니다.

'작은 트라우마를 하도 받아서 타인을 나를 평가하고 상처 주는 존재로 굳게 믿게 되었다.'
'성격을 만들어내 상대를 대했기에 나를 지키며 이렇게 살아남았다.'

이런 과정을 먼저 칭찬합니다. 그다음 조금씩 그 확고한 믿음을 바꿔 가는 체험을 하는 거죠. 지금은 자신이 느끼는 것들이 모두 '가짜' 같지만, 그중에 조금씩 '진짜'가 있다는 것을 언젠가는 깨닫게 될 것입니다.

'성격 만들기'를 결심하는 사람은 그 누구도 아닌 자기 자신입니다. 그렇게 만들어진 성격은 자신과 어떤 식으로든 관계가 있기 마련이에요. '왜 그 성격을 만들 생각을 했는가?' 그 부분에 자신이 어떤 식으로 느끼는지가 반영되는 것이죠.

어두운 것이 싫어서 밝은 '성격'을 만들었을지도 몰라요. 성격이 너무 선명하여 눈에 띄어서 소극적인 성격을 만들어 다소 흐릿하게 자신이 드러나지 않도록 연기할지도 모르고요. 어쩌면 자신의 어떤 성격에 지쳤어도 지금은 변할 수 없다는 생각에서 그저 견디고 있는 것일지도 모릅니다.

'어두운 성격의 내가 싫어.'
'성격이 너무 강하면 위험할 뿐이야.'
'성격을 바꾸는 건 어려워.'

이런 식으로 느끼고 생각하는 것은 자기 자신입니다. 그 이유가 작은 트라우마가 반영된 것임을 알아차리고, 어떤 성격을 만들면서까지 살아온 자신을 인정한다면 각각의 성격들 사이에 다소 억지스럽고 모순되는 점이 있어도 그다지 신경 쓰이지 않을 거예요. 그런데 그것을 '가짜'라고 평가하면 작은 트라우마는 한층 강화됩니다.

어떤 의미에서 우리는 모두 성격 만들기를 하고 있습니다. 사람들은 대부분 '외향적인 얼굴'을 갖고 있거든요. 따라서 성격 만들기를 하는 자신을 거짓말쟁이로 생각하지 말고 조금씩 자신의 있는 그대로를 보여줄 수 있는 내 편을 만들어봅시다.

`POINT` '성격 만들기'로 진짜 자신을 알 수 없게 되었다고 해도 우선은 자신이 지금까지 살아온 과정을 칭찬하자.

스스로 느끼고 생각하는
주체로서의 강인함

'스스로 기분 좋다고 느낄 수 있는 일을 하자.' 이러한 견해
가 최근 들어 널리 퍼져나가고 있는 것 같아서 기쁩니다.

'기분 좋은 일'은 '타인의 평가'와는 정반대의 위치에 있어
요. 남의 시선에 신경 쓸 때 자신은 그저 평가되는 수동적인
존재로, 그야말로 도마 위의 생선처럼 자신이 처한 상황을 제
어하지 못하는 무기력한 존재입니다. 한편 기분이 좋은 때의
자신은 주체적으로 '느끼고 생각하는' 존재입니다. 주인공은
'나'예요. 나는 기분 좋지 않다면 얼마든지 그 일을 중단하거
나 바꿀 수 있는 충분한 힘을 가진 존재입니다.

신체, 옷차림, 화장법, 화술, 메신저 사용법 등 삶의 방식에
관한 모든 것은 사실 인생에서 즐거움을 주는 요소입니다. 이
런 것과 어떤 관계를 맺는지에 따라 인생이 한층 더 풍요로워
지기도 하지요.

여기서 핵심은 '느끼는' 것입니다. 자신이 어떻게 느끼고 있
는지를 중심으로 생각하는 것은 '주변 사람들이 나를 어떤 식
으로 보는가?'라는 남의 시선을 신경 쓰는 것과는 정반대의
관점입니다. 이는 보통 '주위 사람들이 어떻게 생각하든 상관
없다'는 단절적인 태도와는 미묘하게 달라요. '주위 사람들이

어떻게 생각하든 상관없다'는 태도는 억지스럽고 효과적이지 않을 때가 많습니다(자세한 이야기는 5장에서). 무언가에 등을 돌리는 태도는 역시 문제가 있고요.

'주위 사람들은 각자가 가진 사정을 반영하여 무엇인가를 생각한다.'

'그것은 각자의 생각으로 존중한다. 하지만 내가 어떻게 느끼는지도 존중한다.'

'왜냐하면 자신이 어떻게 느끼는지는 나 혼자만이 알고 있기 때문이다.'

이런 식으로 생각하면 주변 사람을 '상관없다'며 잘라내지 않고도 얼마든지 자신의 감각에 집중할 수 있습니다. 그리고 그것이 얼마나 기분 좋은 일인지 사람들에게 전하게 될지도 모르죠. 기분 좋다는 감각은 가만두어도 널리 퍼져나가기 마련이니까요.

POINT '기분 좋다'고 느낄 때의 나는 주인공이다. '남의 시선'에 신경 쓰지 않는 강인한 존재다.

기분 좋게 느끼기 위해서

자신을 '평가 대상'에서 스스로 '느끼고 생각하는 주체'로 바꾸면, 삶의 방식에 관한 모든 것이 인생에 즐거움을 가져다주는 요소가 됩니다. 남의 시선이 신경 쓰이거나 힘든 일이 있어도 '스스로 느낀다'라는 말을 핵심으로 주체적으로 대하면 즐거움이 될 수 있어요. 여기서는 그 구체적인 사례를 살펴봅시다.

다이어트
평가 대상으로서 다이어트하면…

'살만 빼면 자신감을 느낄 수 있다'는 생각에 이 책에서 말하는 '타인의 평가'와 '자신감'의 악순환 상태에 빠져버립니다. '살만 빼면'이라는 생각만 하면 지금 눈앞에 있는 즐거운 일에는 눈길도 주지 않게 되고 자신감을 느낄 기회를 빼앗기고 말아요.

충분히 개선할 수 있는 일도 '나는 살이 쪄서 못한다'고 생각하면 '좋게' 바꾸려는 의욕도 생기지 않고, 더욱더 자신을 미워하게 될지도 모릅니다. 또한 매일 살을 빼는 데 많은 에너지를 사용하고, 다이어트에 생활이 지배당하면 차츰 주체성 없는 무기력한 존재가 되어버리겠죠. '살을 빼기 위한 일을 할 수 있는가? 그렇지 않은가?'로 생활이 결정되어버리는 것입니다.

가령 열심히 노력해 다이어트에 성공했다고 해도 자신보다 더 날씬한 사람이나 스타일이 좋은 사람을 보거나 누군가에게 매정한 말을 들으면 순식간에 몸매에 대한 자신감이 사라집니다. 결국 다이어트는 성공했어도 그것은 순간이며 진정한 의미의 성공은 아니지요.

주체적으로 '느끼는 존재'로서 다이어트하기 위해서

다이어트에 의한 생활 습관의 변화 그 자체를 즐깁시다. 예컨대 몸에 좋은 맛있는 식자재로 만든 음식을 과식하지 않고 음미하는 즐거움을 누리거나 운동으로 가벼워진 몸의 경쾌함을 느끼는 거죠. 물론 스트레스가 쌓이겠지만, 그것을 소나기밥(보통 때에는 얼마 먹지 않다가 갑자기 많이 먹는 밥)으로 해소하기보다는 좀 더 건강한 방법으로 해소하려 노력해봅시다. 살을 빼고 날씬해진 몸매라는 결과를 바라기보다는 다이어트 과정을 즐기세요.

과식하지 않고 맛을 음미하는 데 그치지 않고, 그 음식을 만들어준 사람, 대지, 그곳에서 살아온 수많은 생명을 생각하고 그 음식이 지금 눈앞에 놓이게 된 과정과 소중함을 의식한다면 당연히 식사를 허투루 하지 않고 즐기게 될 것입니다.

'나는 음식을 소중히 여기지 않는다'는 반성의 마음이 드는 사람은 조금 주의하는 게 좋아요. 음식을 '살찌우는 것' '스트레스 해소를 위해 배를 채우는 것'으로 보는 문제는 음식을 소중히 여기지 않는 것만이 아니라 자신도 소중히 생각하지 않는다는 데 그 본질이 있습니다. 이도 역시 '남의 시선'에 관한 문제입니다. '살찐 나에게는 가치가 없다' '내 스트레스 같은 건 아무거나 먹어 대충 얼버무려도 되는 것'이라는 전제에서 자기 자신을 안 좋게 평가하는 태도입니다. 따라서 음식을 소중히 여기지 않음으로써 자신을 책망하고 작은 트라우마를 하나 더 늘릴 뿐이죠. 자신을 책망하는 것이 아니라 먼저 그런 자신의 모습을 인정하는 데서 모든 것이 시작된다는 점을 기억하세요.

건강한 생활 습관을 즐기는 것에는 자신을 소중히 여기는 마음이 있습니다.

'내가 즐거우니까 한다.'
'내게 기분 좋은 일이니까 한다.'

이는 작은 트라우마를 치유하지 않고 자신에게 계속 혹독한 평가를 할 때와는 달리 자신을 위하는 태도입니다. 결국 정크푸드 같은 음식으로 배를 채우고 몸에 필요한 운동을 하지 않아 혈류가 나빠지고 근육을 수축시키는 것이 아니라 자기 자신을 소중히 생각하는 마음입니다.

'좋은 음식을 적당량 먹으니 살찌지도 않고, 몸을 자주 움직이니 근육도 적당히 붙어 지방 연소를 도운 결과 다이어트에 성공한다.'

성공적인 다이어트는 이런 것입니다. '지금의 내가 싫어'서가 아니라 '질적으로 더 나은 인생을 살고 싶다'는 태도에서 기인하지요.

패션
평가 대상으로서의 패션에 관해…

자기다운 패션이란 자신의 매력을 최대한 끌어올릴 수 있는 옷차림을 말합니다. 그것이 패션의 본래 역할이죠. 그러나 평가 대상으로 작은 트라우마의 세계에 사는 사람에게 '자기다움' '자신의 매력'이라는 말은 몹시 낯섭니다. 이런 사람들은 '자기다움이 뭔지 모르겠다' '나에게는 매력이 없다'라고 느끼고 그 해결책을 남의 시선에서 찾으려고 하지요.

어디선가 본 '자기다움'에 관해 쓴 기사에 자신을 대입시켜 연기해보기도 하고, 어느 멋진 사람의 매력을 채용해보기도 합니다. 이런 식으로 외부에서 해결책을 찾는 거죠. 그러나 그런 행동에서 공허감을 느끼면 다시 작은 트라우마를 강화하는 결과가 되어버립니다.

주체적으로 '느끼는 존재'로서 패션을 즐기기 위해서

예를 들어볼게요. A 씨는 육아 때문에 내내 집에 틀어박혀 지내야만 했고 사람과 만나는 일도 거의 없는 상황에서 매일 파자마 차림에 흐트러진 머리를 한 채 지냈습니다. 그러는 동안 차츰 기분이 어둡고 우울해졌지요. 그러던 어느 날 '자신을 위해' 한껏 멋을 내니 기분이 밝아졌습니다.

이런 게 바로 기운을 돋우는 패션입니다. 위 사례는 남의 시선이라는 문제에서 완전히 벗어나 있습니다. A 씨는 '사람들이 어떻게 볼까?'라는 평가 대상으로서의 자신이 아니라 '멋을 내는 내가 좋다'고 주체적으로 느끼는 자신이 되어 있는 것이죠.

즉 처음에는 자신의 기운을 돋우는 패션부터 시작하는 것이 좋습니다. 그러면 '자기다움' '자신의 매력'은 그저 그 연장선에 있는 것임을 깨닫게 되고 유행을 어떻게 받아들일지도 달라집니다. 남의 시선을 축으로 '유행을 따라갈 것인가?'가 아니라 자신의 느낌을 축으로 '유행을 받아들이면 내 기운이 날까?'라는 식으로 보게 됩니다. 자신이 건강해지는 옷을 입을 때, 누가 '촌스럽다'고 말할까 봐 걱정이 되나요? 5장에서 설명하겠지만 흔들림 없는 확신을 가지고 '촌스럽다'고 말하는 사람은 평가체질의 사람입니다. 그들에게 인생이란 평가하는 것이에요. 그렇기에 그들도 스스로 즐거운 패션을 하고 있지 못할 가능성이 매우 높습니다.

타인의 패션을 두고 '촌스럽다'고 평가하는 사람은 그 자신이 남의 시선에 사로잡혀 있는 것입니다. 또한 늘 최신 유행을 좇는 나머지 그 '의무'를 게을리 한 사람에게 짜증을 느끼는 것일지도 몰라요. 패션은 다양성에 그 의미가 있습니다. 그것을 인정하지 못하는 단계에서 이미 꽤 심각한 '평가체질'이라고 할 수 있지요.

화장

평가 대상으로서 화장을 하면…

우리가 화장을 하는 이유는 주로 남에게 '보이기' 위해서입니다. 사실 '다른 사람에게 어떻게 보일까?' 하는 것도 화장을 즐기는 한 가지 요소이죠. 그러나 화장을 어떻게 인식하는지는 사람마다 다릅니다.

화장 자체를 못마땅하게 인식하는 사람도 있고, 유행하는 화장법을 예민하게 의식하는 사람도 있고, 자연스러운 화장을 선호하는 사람도 있어요. 그런 까닭에 남의 시선에 맞추려고 해도 누구의 시선에 맞추면 좋을지 알 수 없습니다.

주체적으로 '느끼는 존재'로서 화장하기 위해서

화장도 패션처럼 '자신의 기운을 돋우는' 것이 제일입니다. 최근에는 병원 장기 입원환자에게 화장을 해주는 사람도 있는데요. 병에 걸렸으니 모든 것을 포기하는 것이 아니라 화장을 해서 안색도 좋게 하고 아름답게 치장하면서 기운을 내보는 거죠. 병 자체는 고칠 수 없어도 화장이 정신 상태에 상당히 긍정적인 영향을 가져다주어 치료 과정에 좋은 영향을 미치기도 해요.

이 사례를 통해 '자신은 ○○할 가치가 없는 존재'라는 태도가 정신적으로 매우 좋지 않다는 사실을 알 수 있습니다. '병원에 입원 중인 나는 아름다울 가치가 없는 존재'라고 생각하면 자긍심이 낮아집니다. 그리고 '나는 ○○할 가치가 없는 존재'라는 생각 자체가 실은 남의 시선이라는 문제와 관련되어 있어요. 환자는 '환자답게'라는 남의 시선에 신경 쓰고 있는 것입니다.

민낯도 마찬가지예요. 이 역시 자신을 사랑하는 한 가지 형태이지만, '화장 정도는 해야 사회인'이라는 인식, 즉 남의 시선에 신경 쓴 탓으로 내키지 않는 화장을 억지로 하는 사람도 있습니다. 이런 사람들은 자신을 '화장을 할지 말지를 스스로 선택할 가치가 없는 존재'로 생각합니다.

화장을 할 것인지 말 것인지를 주체적으로 '느끼는 존재'로서 화장을 할 때는 '나는 ○○할 가치가 없는 존재'라는 생각에서 얼마만큼이나 벗어나는지가 핵심입니다. '나는 ○○할 가치가 없는 존재'라고 생각한다면 절대 좋은 기운을 얻을 수 없습니다.

브랜드 상품
평가 대상으로서 브랜드 상품을 생각할 때…

브랜드 상품, 즉 명품에 관해서 이야기하려면 끝이 없습니다. 물론 가격상 최고급 명품은 존재하겠죠. 최고급 브랜드에서 최고급 소재를 사용하여 만든 명품이라면 당연히 최고급일 테니까요. 그러나 그런 명품을 갖고도 '재벌인 양 군다' '화려하게 차려입다니 전혀 분위기를 읽지 못한다'는 말을 듣는다면 그 가치는 급속히 곤두박질칩니다.

또한 고가의 명품을 소지하면 남들에게 정중히 대우받는다는 이유에서 명품을 고집하는 사람도 있는데요. 가게에서 정중히 대우받을 때 기분이 좋고 고가의 물건도 흔쾌히 사는 사람처럼 보이려는 나머지 경제적 여유도 없으면서 명품을 사는 사람도 있습니다.

주체적으로 '느끼는 존재'로서 브랜드 상품을 생각할 때

명품 자체를 소중히 대합시다. 명품이 있기까지의 역사와 수고를 아끼지 않고 원재료를 선택하고, 온 힘을 다해 그 명품을 만든 데 대하여 경의를 표하는 것이죠. 결국 물건에 담긴 마음, 손길을 생각하자는 말입니다.

명품은 일종의 예술품이기에 단순히 '아름다움'이라는 감동의 눈으로 보아도 좋습니다. '이걸 가지면 다들 어떻게 볼까?'라고 머릿속으로 계산하지 말고, '멋있다' '아름답다' '놀랍다'라고 느끼는 게 더 중요합니다. 미술관에서 아름다운 회화를 보았을 때 혹은 자연의 아름다움에 감동했을 때, 자신이 아닌 그 대상으로 눈길이 가게 마련인데 그때와 같아요.

그런 존경심을 가질 수 있는 물건을 소중히 대하는 것이죠. 항상 소지하거나, 혹은 때때로 휴식을 주는 등 그 물건에 어울리는 방식으로 귀중히 다룹니다. 어딘가 고장이 나면 잘 고쳐 사용합니다. 그런 식으로 오랫동안 사용할 수 있다는 점도 명품이 가진 장점이죠.

어떤 사람은 명품을 단순히 '부럽다'고 생각할 수도 있고, 다른 어떤 사람은 '어이없다'고 생각할지 몰라요. 하지만 양쪽 모두 다른 관점에서 명품의 소중함을 느낀다면 타인의 시선에 사로잡히지 않는 길로 갈 수 있습니다.

5장

타인은 대체 어떤 사람일까?

'타인'에 대하여 깊게 생각해봐야 하는 이유

타인의 시선에 신경 쓴다고 말할 때 '타인'이란 누구를 말하는 걸까요? 흔히 말하는 세상의 이목일까요? 인터넷상의 불특정다수일까요? 미움받고 싶지 않은 실제 자신의 지인일까요? 답은 '타인은 자신을 평가하고 상처 주는 존재'라는 작은 트라우마를 통해 만들어진 '허상'입니다. 남의 시선에 신경 쓰는 마음을 치유하는 데서 핵심은 허상이 아닌 현실 속의 상대를 시야에 두는 것입니다. 남의 시선에 신경 쓰는 마음에서 벗어나기 위해서는 자신이 아닌 타인에 대하여 깊이 생각해볼 필요가 있기 때문이죠.

'타인의 평가'에는 자신의 문제가 반영된 것처럼 보이지만 실제로는 상대의 문제가 반영되어 있습니다. 같은 상황이라도 상대가 누구냐에 따라서 평가는 달라지기 때문이죠. 똑같은 차림이라도 어떤 사람은 '멋있다'고 칭찬하지만, 어떤 사람은 '촌스럽다'고 비판합니다. 어느 브랜드의 명품을 가지고 있으면 존경의 눈으로 우러러보는 사람이 있는가 하면, 노골적으로 브랜드 상품은 멋없다며 깎아내리는 사람도 있지요.

평가는 어디까지나 주관적이라서 사람에 따라 당연히 생각하는 바가 다릅니다. 물론 대다수가 '아름답다'고 말하는 모습이 있고, 반대로 '촌스럽다'고 말하는 모습도 있습니다. 그러나 그 역시도 '각자가 그러한 감각을 얼마만큼 느끼는가?'라고 물으면 개인차가 상당합니다.

어떤 모양을 '아름답다'고 말할 때 그것에 큰 관심을 보이는 사람이 있을 테고, 사교적인 인사치레 정도로 말하는 사람도 있습니다. 혹은 다른 사람이 '촌스럽다'고 하니까 실제로는 잘 모르지만, 그저 따라서 촌스럽다고 말하기도 하고요.

'타인의 평가'가 자신의 문제처럼 느껴지는 이유는 이처럼 '다들 그렇게 말하는' 경우 마치 그 말이 객관적인 사실처럼 보이기 때문이에요. 실제로는 각자가 제각기 다른 뉘앙스로 말하고 있는 건데 말이죠.

POINT 타인의 평가는 상대의 주관적인 평가에 지나지 않는다. 따라서 한 사람 한 사람으로서의 타인에 대하여 생각해볼 필요가 있다.

상대인가 나인가
그 경계선의 문제

남의 시선에 신경 쓸 때 우리는 '상대가 보는 자신'과 '실제 자신'을 거의 혼동합니다. 그러나 사실 '상대가 본 나'의 모습에는 상대의 사정이 상당 부분 반영되어 있습니다. 사람은 어떤 대상을 볼 때 있는 그대로 보지 않아요. 반드시 각자의 '관점'을 통해 보기 마련이죠. 그 관점을 만드는 것은 그 사람의 성격이거나 가치관이거나 이제까지 살아오면서 체험한 경험, 또는 그날의 기분입니다. 따라서 상대가 보는 것은 '실제 자신'이 아니라 어디까지나 상대의 '관점'을 통해 '상대가 본 자신'입니다.

어떤 행동에 대해 그 모습을 그대로 순순히 받아들이는 사람도 있지만 '문제가 있다'고 느끼는 사람도 있습니다. 또한 같은 사람이라도 그날의 상태에 따라서 순순히 받아들이기도 하고 그렇지 않기도 하죠. 앞에서도 살펴보았지만 '타인의 평가'는 상대의 문제입니다. 상대에게는 각자의 성격, 각자가 놓인 상황, 지금까지의 경험 등등 당사자밖에 모르는 사정이 수두룩하고 그 결과로 그 사람은 어떤 말이나 행동을 합니다.

그런데 타인에게 평가될 때의 우리는 '자신이 나쁘다'고 생각하고 자신을 고치려고 하지요. 원래 상대의 문제이지만 마

치 자신의 문제인 양 착각하는 겁니다. 이것이 바로 경계선의
문제입니다.

POINT 상대의 문제를 자신의 문제로 혼동해서는 안 된다.

상대에게도 나름의 사정이 있다

　자신에 대한 타인의 평가를 '자신의 문제'가 아닌 '상대의 문제'로 인식하는 것은 상대를 무시하는 태도가 아닙니다. 오히려 상대의 사정을 존중하는 태도입니다. 어떤 사정인지 자세히는 모르지만 '어떤 이유가 있겠지' 하는 눈으로 그저 받아들이는 자세가 상대에 대한 친절로 이어지지요.

　남의 시선에 자꾸 신경 쓰는 마음에는 '나만 잘하면 상대는 칭찬해줄 거야'라는 인식이 은근히 깔려 있습니다. 이는 엄청난 강요가 될 수 있어요. 어떤 사람이든 기분 좋은 날과 왠지 기분 나쁜 날이 있기 마련이잖아요. 마침 기분이 별로 좋지 않은데 '내가 이렇게 멋을 냈어요. 얼른 칭찬해주세요!'라고 요구해온다면 얼마나 힘들겠어요.

　타인의 평가에 맞춰 자신을 만들고서 상대방의 안색을 살피는 데는 그런 측면도 있습니다. 누구에게나 현명하게 처신하기 힘든 날이 있어요. 그런데 상대의 안색을 살피는 사람은 모두가 언제 어느 때나 자신에게 호의적으로 행동해주기를 바라는 거죠.

　이것 역시 '경계선'의 문제입니다. 상대에게는 상대의 사정이 있고 그 사람의 반응은 반드시 자신과 관련 있지는 않아요. 예컨대 상대가 나에게 '촌스럽다'고 말했다 칩시다. 분명 나를 두고 한 말이겠지만 상대의 언짢은 기분 같은 것이 반영되었을 수도 있으니, 절대적인 진실은 아니에요. '분풀이'라는 말도 있듯이 기분이 안 좋을 때는 다짜고짜 뭐든 안 좋게 말하는 사람도 있습니다. 상대가 '분풀이'할 계기를 만드는 것은 나의 외모나 말, 행동일지 모르지만, 그것은 어디까지나 계기일 뿐 내가 촌스러워서 상대의 기분이 언짢아진 것은 아닙니다.

물론 내가 진짜 '촌스러운' 경우도 있겠죠. 하지만 그것과 상대가 '촌스럽다'고 말하는 것은 전혀 별개의 문제입니다. 이해가 잘 안 된다고요? 생각해보세요. 당신이라면 촌스러워 보이는 사람을 보고 '촌스럽다'고 말할까요? 많은 사람이 '말하지 않는다'를 선택할 것입니다. 마음속으로는 '좀 촌스럽다'고 생각해도 상대에게 직접 말하는 것과는 전혀 다른 이야기이기 때문입니다. 상대에게 '촌스럽다'고 말하는 것은 실례되는 행동으로 상처를 준다는 걸 우리는 잘 알고 있기에 말하지 않는 쪽을 택합니다.

그런데도 굳이 상대에게 말하는 사람이 있다면 그에게 어떤 특별한 사정이 있을 거라 짐작할 수 있습니다. 차차 설명하겠지만 '본디 사람에게 해서는 안 되는 말'을 하는 사람은 '무심코 말해버리는 사람'이거나 '어떤 형태로든 마음이 병든 사람'입니다. 그렇다고는 해도 당신이 '촌스럽다'는 말을 들은 것을 당연하다는 식으로 받아들이라는 말이 아닙니다. 본디 사람으로서 해서는 안 되는 말을 상대가 한 것으로 받아들이는 게 맞아요.

즉 '무심코 말해버린 사람'을 관대한 마음으로 보든, '꽤 마음 아픈 일이 있었나 보다'라고 생각하든 상대의 사정을 이해하는 마음을 가져보면 어떨까요?

POINT 당신을 부정적으로 평가하는 사람에게는 '어떤 특별한 사정이 있다'고 생각하자.

인간은
변화에 위화감을 느끼는 존재

만나자마자 '살쪘어?' '그 옷 좀 촌스럽지 않니?' 하고 안 좋은 평가를 쏟아내는 사람이 있습니다. 그런 말을 들으면 분명 마음이 다쳐요. 그리고 그런 평가에 흔들리면 도저히 자신감이나 자긍심을 가질 수 없습니다. 그러나 그때 왜 상대가 그런 말을 하는지를 차분히 생각해봅시다.

물론 단순히 평가체질인 사람도 있을 테죠. 앞에서도 말했지만 인생을 평가하는 것으로 생각하는 사람을 가리켜 이 책에서는 '평가체질'이라고 표현하는데, 자세한 내용은 106쪽에서 설명할 예정입니다.

그런데 그들 모두가 '평가체질'은 아니에요. 단순히 해서는 안 되는 말을 무심코 해버리는 사람도 있거든요. 또한 말을 하지는 않아도 자신도 모르게 표정으로 놀라움을 표현하는 사람도 있습니다. 이들은 그저 눈앞에 나타난 변화에 충격을 받았을 뿐이에요.

오랜만에 만난 사람이 부쩍 살이 쪄 있다면 자신도 모르게 "살쪘네?"라는 말이 나오거나 적어도 놀란 표정을 짓습니다. 이는 단순히 '변화에 대한 반응'으로 확신을 가지고 상대를 비난하는 것은 아니에요. 변화에 위화감을 느끼는 건 인간이

온갖 변화에 적응하는 데 있어 뒤따르는 자연스러운 현상입니다. 인간도 생물이기에 자신의 안전을 확보해야 하고 그러기 위한 여러 가지 방어 능력을 갖추고 있는데, 그중 하나가 변화에 위화감을 느끼는 것이지요.

이는 '그 변화가 자신에게 어떤 것인지'를 이해하는 단계입니다. 따라서 무엇인가 변화가 있을 때 위화감을 느끼는 건 당연합니다. 그 변화를 이해하는 과정에서 눈살을 찌푸린다고 해서 반드시 비난의 의도가 들어 있는 것은 아닙니다.

POINT 자신의 변화에 상대가 부정적인 반응을 보였다고 해도 그건 그저 '변화에 대한 반응'일 뿐이다.

상대의 반응에 담긴
진짜 의미를 알자

'살찐 나를 보고 놀란 얼굴을 했다'는 한 가지 반응만 보고 그 사람의 인격을 평가하는 태도는 적절하지 않아요. 만일 그랬다면 자신이 평가체질의 사람이 되고 맙니다. 인간은 그리 완벽한 존재가 아니라서 순간적으로 미숙한 반응을 보일 수도 있어요. 그 순간적인 반응이 '놀라움'이나 '위화감'이라도 인간은 단순하지 않기에 그 감정이 자신에게 어떤 의미인지를 생각합니다. 일반적으로는 충격을 받았음에도 상대를 배려하는 마음으로 현실에 적응해가려고 노력하지요(이런 배려하는 마음이 작동하지 않는 사람이 평가체질의 사람입니다).

'무슨 일이지?'
'예전이 더 좋았는데….'
↓
'당사자가 제일 신경 쓰일 거야.'
'사람을 외모로 판단해서는 안 되지.'

이렇게 마음속으로 균형을 잡으려 애쓰는 한편으로 상대에게 노골적인 반응을 삼가기 위해 노력합니다. 이때 잘하는 사람도 있고 그렇지 못한 사람도 있어서 자신도 모르게 무심코 어떤 말을 하기도 하죠. 얼떨결에 '살쪘어?'라고 말하거나 놀란 표정을 지었다고 해도 그것은 단순히 노력한 결과가 저마다 다르기 때문으로 상대의 외모를 심하게 생각한 것은 아닙니다. 그 사실을 알지 못하고 상대의 반응에 충격을 받고 굳어버리면 두 사람의 관계는 어색해져 쓸데없이 서로를 감정적으로 자극하게 됩니다.

경직되지 말고 오히려 선뜻 상대에게 '제가 살이 쪄서 놀랐죠?'라고 먼저 말하는 친절을 발휘해보세요. 그러면 상대의 태도도 유연해져 '좀 놀랐어요. 그런데 무슨 일이 있었던 거예요? 건강이 나쁜 거예요? 아니면, 스트레스 때문이에요?'라고 편히 물어올 겁니다.

때로는 상대의 어떤 말이나 행동이 '내가 ○○하다고 무시하는 거야?'라는 뜻으로 해석되기도 합니다. 그러나 남의 시선만을 신경 쓰고 상대의 안색을 살피고 상대의 반응에 대해 '역시 나를 이상하다고 생각해'라고 생각하는 것은 상대가 '이쪽의 변화'에 적응하는 과정조차 존중하지 않는 태도입니다. 이는 상대가 어떤 놀라운 것을 보더라도 단숨에 인정해주기를 기대하는 태도예요.

변화에 맞닥뜨렸을 때는 적응할 시간이 필요합니다. 조금 의아한 표정을 짓는 건 '나를 나쁘게 생각하기' 때문이 아니라 이쪽의 변화에 '적응하기 위해 애쓰고 있다'고 보는 것이 적절한 판단이에요. 그렇게 생각하면 마음도 편해집니다.

POINT 자신의 변화를 보고 상대가 이상한 반응을 보이는 것은 '변화에 적응하는 데 어려움을 겪고 있기 때문'이다.

평가체질의 사람이란? ①

'나는 지금 이대로 좋다'고 느끼려고 해도 그것을 용납하지 않는 사람이 있습니다. 그들은 끊임없이 남을 평가하고 비판하지요. 일방적인 조언을 들려주고 책망하듯 묻는 등 일단 자신의 마음에 들지 않으면 무턱대고 바꾸려고 합니다.

이렇듯 입만 열면 남들을 평가하는 평가체질의 사람은 어떤 유형일까요? 앞서 살펴본 것처럼 평가는 어떤 상황을 자기 나름대로 판단하고 안정을 가지려는 시도입니다. 애매한 상황을 견디는 데는 저마다 다른 정도의 인내심이 필요해요. 꽤 많은 것들이 애매해도 "인생(인간)이란 원래 이렇지 뭐" 하며 내버려 두는 사람이 있는가 하면, 조금이라도 애매한 게 있으면 안절부절못하는 사람도 있지요.

평가체질의 사람 중에는 무엇을 보았을 때 판단하지 않으면 안심하지 못하는 사람도 있습니다. 개인이 판단할 문제라는 자각이 부족한 사람도 있고요. 그렇다면 후자는 어떤 사람들일까요? 그들은 자신과 타인의 사고방식이 다르다는 점을 이해하지 못합니다. 그들 중에는 그저 선입견이 강한 사람도 있지만, 사람들에게 끊임없이 평가를 받아온 사람도 있습니다. 타인에게 내내 평가받아온 사람은 작은 트라우마로 가득합니다. 그래서 33쪽에서 말했듯 상대의 평가를 마치 진실처럼 받아들입니다.

상대의 사정은 생각하지 않고, 그의 평가를 필터에 거르지 않은 채 그대로 흡수합니다. 하물며 타인에게 안 좋은 말을 듣는 것 자체가 나쁘다는 생각에 사로잡혀 있어서 단순하고 깊이가 없는 경우가 많죠. 그 영향으로 타인을 볼 때도 자신이 당해왔던 것처럼 상대의 사정 같은 건 고려하지 않고 평가하려 하고요.

물론 그간 평가받아온 불쾌한 경험을 떠올리며 상대를 관대한 시선으로 보려고 노력하는 사람도 있어요. 이런 사람들은 어떤 식으로든 평가에 반발심을 느끼고 자신은 다른 방식으로 행동하고자 합니다. 이런 사람을 보면 이해심이 많고 관대해 보이지요.

그러나 그 사람의 내면을 들여다보면 스스로는 매우 엄하게 평가한다는 것을 알 수 있어요. 자신의 작은 트라우마를 치유하려고 하지 않고 오히려 자신을 엄하게 평가한 나머지 '타인을 이해하는 나' '관대한 나'라는 남의 시선에 비치는 모습을 만들어내는 거죠. 이처럼 자신을 있는 그대로 인정하지 않고 '남의 시선'을 의식하고는 내내 참기만 하고 타인에게만 관대하기에 상당한 스트레스가 쌓입니다.

결국 타인을 있는 그대로 순순히 받아들이지 못하고 일일이 평가하려는 사람은 자기 자신도 엄하게 보는 법이라서 좀

처럼 긴장을 풀지 못해 힘겨운 인생을 살아가게 됩니다.

POINT 타인을 평가하려는 사람은 자기 자신도 엄격히 평
가하기에 힘겨운 인생을 살아가게 된다.

평가체질의 사람이란? ②

　평가체질의 사람은 무슨 일이든 자기 나름으로 판단하지 않으면 안심하지 못한다고 앞서 말했는데요. 그 바탕에는 강한 불안이 깔려 있습니다. 불안하기에 모호한 것을 견디지 못하고 '결국 이런 거죠?'라고 상대의 동의를 구하고 안심하려 하지요.

　애매한 것을 견디지 못하는 유형의 사람 중에는 발달장애를 겪는 사람도 있습니다. 어떤 한 가지 일에 신경 쓰면 그것을 어떤 식으로든 정리하지 않고서는 마음이 차분해지지 않는 거죠. '결국 이런 거지?'를 넘어 '결국 이런 거다'라고 단정하지 않으면 그 애매함에 압도당해 말 그대로 '못 견디는' 상태가 되어버립니다. 그런 사람을 보면 '작은 일까지 일일이 단정하고는 살아갈 수 없다니 힘들겠다'는 관점이 생기지요.

　만일 이런 유형의 사람이 자신을 일방적으로 평가할 때, 그 상대를 '힘들겠다'는 관점에서 볼 수 있다면 다소 누그러진 마음으로 대할 수 있을 것입니다.

　POINT 평가체질의 사람 중에는 강한 불안감 때문에 사소한 일까지 일일이 단정하지 않고는 살아갈 수 없는 사람도 있다.

평가체질의 사람이란? ③

학대를 받으며 작은 트라우마로 가득한 인생을 살아온 사람은 타인의 메시지 속에서 '위험을 알리는 조짐' 같은 것을 살핍니다. 인간관계 속에서 수많은 위험을 체험해온 탓에 언제 어디서 또다시 위험한 일이 일어날지 매우 민감하게 관찰하는 셈이지요. 그래서 자신과 다른 생각을 하는 사람을 '위험'하게 느끼기도 합니다. 자신과 생각이 다르다는 것은 자기 생각을 부정할 요소를 가진 것으로, 거기서 '위험의 조짐'을 감지하는 것이죠. 따라서 타인의 말이나 행동에 아무래도 부정적인 평가를 하기 쉽습니다.

'왜 이리 비딱하게 보는 거지?'
'다른 사람은 틀렸다는 식으로 생각하네. 그저 그렇게도 생각할 수 있겠다는 식으로 받아넘겨도 되지 않아?'

이런 생각을 하는 사람은 '마음의 상처가 있을지도 모른다'는 관점으로 대하면 어떨까요? 상대가 무슨 말로든 자신을 부정적으로만 평가할 때 '내가 싫어서 그런 말을 했다'고 곧이곧대로 받아들이기보다는 상대의 복잡한 인생이 투영된 '상대의 문제'로 보는 것이죠. 그러면 그 상대가 그저 밉게만 보이진 않을 거예요.

POINT 상처받은 경험이 있기에 위험에 민감한 사람은 타인의 말과 행동을 부정적으로 평가하기 쉽다.

우리는 진정한 의미에서 '상대'를 보고 있을까?

지금까지 '상대를 본다'는 의미에 관해 이야기했습니다. 일반적으로 남의 시선에 신경 쓰지 않으려면 먼저 '상대를 신경 쓰지 말자'고 생각하는 사람이 많은데요. 실제로는 그 반대여야 합니다. 상대에 신경 쓰는 것을 그만두는 게 아니라 진정한 의미에서 상대를 신경 씀으로써, 우리는 타인의 시선이라는 굴레에서 벗어날 수 있어요.

'진정한 의미에서 상대를 신경 쓴다'는 것은 눈앞에 있는 실제 상대로 시선을 돌리는 일입니다. 허상이 아닌 실제 상대를 보고 그에게 여러 사정이 있다는 것을 이해하면 작은 트라우마에 의해 만들어진 '타인은 자신을 평가하고 상처 주는 존재'라는 색안경을 벗을 수 있습니다.

50쪽에서 남의 시선에 신경 쓰는 병에 걸린 사람은 사실적인 인간관계가 적다고 말했는데, 이는 평범한 사람도 마찬가지예요. 물론 표면적으로 많은 인간관계를 가진 사람도 있지요. 하지만 그 가운데 진짜 인간관계가 있는가 하면 반드시 그렇지도 않습니다.

진짜 인간관계란 자신의 마음을 전하고 상대의 마음도 듣는 '마음의 차원'에서 이루어지는 교류입니다. 어느 정도 자신을 열어 상대에게 보이면 상대도 자신의 마음을 보여주는 그러한 관계를 말하죠. 그때 자신이 상대에게 받아들여졌고, 상대 역시 그렇다고 느낍니다.

6장에서 다시 언급하겠지만 남의 시선에 신경 쓸 때 우리는 상대를 깊이 있는 존재가 아닌 그저 자신을 이러니저러니 평가하는 기계와 같은 존재쯤으로 봅니다. 상대를 불완전하지만 열심히 살아가려고 애쓰는 독립된 인격체로 보지 못하는 것이죠.

> **POINT** 상대를 신경 쓰는 것을 그만두는 게 아니라 진정한 의미에서 상대를 신경 쓰는 것이 중요하다.

6장

세 가지 관계가 당신을 바꾼다

①상대, ②나 그리고 ③현재와의 관계

4장에서는 주체적으로 느끼고 생각함으로써 남의 시선에 신경 쓰는 마음에서 벗어날 수 있다고 했습니다. 또 5장에서는 상대를 배려함으로써 남의 시선에 신경 쓰는 마음에서 벗어날 수 있고 했지요. 이는 즉, 남의 시선에 신경 쓰는 마음이 '나의 문제'와 '상대의 문제'의 경계를 흐리게 하고 결국에는 남을 전혀 존중하지 않게 되는 결과를 불러온다는 뜻으로 해석할 수 있습니다.

우리는 5장에서 남의 시선을 신경 쓸 때, 눈앞에 살아 있는 진짜 상대가 아닌, 작은 트라우마에 의해 만들어진 '상상 속의 상대'에게 어떻게 보일지만 생각하게 된다고 이해했는데요. 이때 눈앞의 살아 있는 상대는 소외됩니다. 눈앞의 상대는 자기 나름의 생각이 있는데, 우리는 '쟤는 이렇게 생각하고 있을 거야' '나를 이렇게 생각하면 어쩌지?' 하고 머릿속에 있는 '상상 속의 상대'만을 바라보는 거지요.

남의 시선에 신경 쓸 때 우리는 '내가 어떻게 느끼는지'가 아니라 '어떻게 보일지'만을 생각하기에 여기서 자신이 실제로 느끼고 생각하는 것과 차이가 생깁니다. 그 결과 진짜 자신의 중심과 연결이 끊겨 휘청거리게 되고 주위 사람들이 하는 말에 이리저리 흔들리게 되는 것이죠. 자신과의 연결이 끊어지면 자신감을 느낄 수 없고, 자신을 소중히 여기는 마음도 생기지 않아요. 자신自信은 흔들리지 않는 중심에서 생겨나는 것이니까요.

따라서 '남의 시선에 신경 쓰는 마음'에 대한 대응책으로 '유대 관계'에 대해 이야기해보려 합니다. 그 관계의 맞은편에는 ①상대, ②자신 그리고 ③현재가 있습니다.

현재와의 관계란 '지금 어떻게 느끼지'를 중요하게 여기는 것입니다. 남의 시선에 사로잡혀 있을 때 우리는 '살만 빼면'이라는 식으로 미래에 사로잡혀 현재를 살지 못합니다. '○○로 보이면 어쩌지?'라는 미래의 일로 고민하지요.

'예전에 괴롭힘당했을 때랑 같아'라며 마음이 과거로 달려가기도 합니다. 원래 남의 시선에 신경 쓰는 마음의 근원에는 과거의 작은 트라우마가 도사리고 있어요. 이는 과거 때문에 현재를 있는 그대로 받아들이지 못하고 있다는 것을 의미합니다.

POINT 상대와 나 그리고 현재와의 관계를 생각함으로써 남의 시선에서 벗어날 수 있다.

'있는 그대로'를 인정하자

제가 봉사활동을 하는 애티튜디널 힐링AH, Attitudinal Healing 센터에서는 평가라는 굴레에서 벗어나 사람들의 이야기를 듣습니다. 상대방의 이야기를 들을 때 우리는 과거라는 시간 속에서 체험을 통해 만들어진 머릿속 정보가 없으면 '평가'를 할 수 없어요. 즉 눈앞에 있는 상대의 이야기만을 귀담아듣는 게 아니라 자기 생각까지 동시에 듣게 되죠.

애티튜디널 힐링센터에서는 상대의 '현재'를 듣는 것을 중요하게 여기기 때문에 머릿속에 어떤 생각이 떠오르면 그것을 일단 옆으로 미뤄두고 다시금 상대의 '현재'에 집중하기를 반복합니다. 결국 눈앞의 상대를 있는 그대로 인정함으로써 ①상대의 ③현재와 관계하는 것이죠. 이때의 교류를 느끼고 이해하면 ②자신의 ③현재와도 관계를 맺게 됩니다.

뼛속까지 평가체질이 아닌 이상 누구나 조금만 연습하면 상대를 평가하려는 자세에서 비교적 쉽게 벗어날 수 있어요. 이 과정이 쉬워질 무렵에는 남의 시선 따위는 신경 쓰지 않고 그저 온후한 마음을 느끼는 때가 많아질 거예요.

POINT 있는 그대로의 모습을 인정함으로써 세 가지 관계를 만들어 간다.

세 가지 관계는
자신은 물론 상대까지 바꾼다

　상대를 있는 그대로 인정한다고 해도 그로부터 비판적이거나 공격적인 말을 들으면 역시나 상처받겠죠. 그런 상대를 순순히 받아들이는 일은 결코 쉬운 게 아닙니다. 그런 때에는 5장의 내용을 떠올려봅시다. 타인을 평가하는 사람에게는 각자 사정이 있다는 내용이었어요.

　타인을 있는 그대로 인정할 수 없는 이유는 자신이 있는 그대로 인정받지 못하고 살아왔기 때문입니다. 자신이 수많은 작은 트라우마를 가지고 평가에 얽매여 고통받았기에 아무 일도 아닌 작은 일에도 비명을 지르는 거죠. 즉 자신에 대한 상대의 부절적한 평가를 '공격'으로 인지하는 게 아니라 고통 때문에 터져 나오는 비명으로 보면 상대를 더욱 쉽게 이해할 수 있을 것입니다. '나를 비판적으로만 보는 상대' '현재 상황을 있는 그대로 받아들이지 않고 비명을 지르는 상대'를 '아이쿠, 여러 가지 일들이 있었나 봐요' '매일 저런 식으로 생각하면 정작 본인이 제일 힘들 텐데'라며 받아들이는 것은 곧 상대를 있는 그대로 인정한다는 뜻입니다.

　사실 바로 이 같은 체험이 자신을 비판적으로만 보는 상대에게 부족한 부분이에요. 그래서 '있는 그대로'를 인정해주면 상대에게도 변화가 찾아옵니다. 평가체질에서 벗어나 '사람마다 사정이 있다'는 걸 이해하게 되지요. 이런 태도는 마치 상대를 너그러운 마음으로 대하는 것처럼 보이지만, 이런 관점을 가짐으로써 가장 편안해지는 건 바로 자기 자신입니다.

상대에게 '공격받았다'고 생각하면 작은 트라우마만 증가할 따름이에요. 그저 어떤 사정이 있는 상대가 괴로움에 비명을 지르고 있을 뿐이라고 생각하면 자신은 상처받지 않고 여유로운 마음으로 상대를 대할 수 있습니다. 때에 따라서는 그런 상대가 가엽게 느껴지기도 합니다. 그리고 그런 태도를 가지면 '타인은 나를 평가하고 상처 주는 존재'라는 오랫동안 자신을 옭아매고 있던 굴레에서도 벗어날 수 있습니다. 타인은 때때로 고통에 비명을 지르는 불완전한 존재라는 인식을 하게 되는 것이죠.

타인의 이야기를 들을 때는 될 수 있으면 지금까지 자신이 쌓아온 정보는 뒷전으로 미루고 현재에 집중하세요. 어려운 평가체질의 사람을 대할 때에는 상대의 평가를 '비명'으로 여기고 그를 있는 그대로 받아들이세요. '참 고단한 인생이구나' 하는 마음으로 상대를 대하면 남의 시선에서 자유로워질 수 있습니다.

POINT 비판적으로 공격해오는 사람을 있는 그대로 인정하고 대하면 상대도 달라지고 자신도 편해진다.

자신을 있는 그대로 보이자

남의 시선에 신경 쓰는 것은 마음을 열고 상대를 대하는 것과는 정반대되는 행동입니다. 그런데 자신이 먼저 마음을 열지 않으면 상대도 그 자신을 보여주지 않기에 그가 진짜로 무슨 생각을 하는지 알 수 없어요.

상대의 마음을 모르면 공감할 수도 없고 관계를 만들어갈 수도 없습니다. 그 결과 '타인은 나를 평가하고 상처 주는 존재'라는 감정을 쌓아가게 되지요. 이는 곧 악순환을 만듭니다. 따라서 타인은 자신을 평가하고 상처 주는 존재라는 감각을 좋은 방향으로 수정하기 위해서는 조금씩 자신을 내보이려는 태도를 가져야 합니다.

대인관계요법 치료 현장에서는 이런 태도를 중요하게 생각합니다. 우울증이나 섭식장애 같은 병을 가지고 있다고 가족이나 연인 등 주변 사람에게 털어놓는 것은 분명 자신을 보여주는 일이에요. 자신에게 병이 있다는 사실, 그래서 도움이 필요하다는 사실을 전하는 일은 물론 용기가 필요합니다. 사람들 대다수가 처음에는 그런 사실을 털어놓기를 꺼리지요. 그러나 치료 과정에서 점차 안도감을 느끼게 되고, 자신을 소중히 생각하는 마음이 생기면 '털어놓자'고 결심합니다.

또한 자신의 상황을 허심탄회하게 밝혔을 때 상대가 현재

아주 힘들지 않은 이상 대부분은 이해하고 받아줍니다. '병이 있다는 사실을 털어놓았다가 비정상으로 취급받으면 어쩌지?' 하는 우려와는 달리 실제로는 '힘들게 말씀해주셨군요' '어째서 좀 더 일찍 말해주지 않았어요'라고 말해주기에 두 사람의 관계는 더욱 깊어집니다. 이렇게 있는 그대로의 모습을 인정받는 경험은 긍정적인 치료 효과를 불러옵니다. 그러니 사소한 것일지라도 솔직한 모습을 조금씩 보여주면 어떨까요?

단, 어떤 상대에게 보여줄 것인가는 깊이 생각해봐야 해요. 평가체질의 사람은 모쪼록 선택하지 않는 게 좋습니다. 자신을 있는 그대로 인정해줄 만한 안전한 사람을 선택하세요. '굳이 조언하지 않아도 돼. 그저 내 이야기 좀 들어줘'라고 먼저 말하면 좀 더 안전한 환경을 만들 수 있겠죠. 아마 상대는 당신의 이야기에 집중해줄 것입니다.

POINT 자신의 모습을 솔직히 보여주려는 용기가 상대와의 마음의 교류로 이어진다.

어떤 사람도 자신만만하지 않다

저를 찾아왔던 환자 중에는 말을 더듬는 사람이 있었습니다. 그 사람은 말을 더듬는 자신이 몹시 부끄러워 사람들과 만나 인사를 나눌 때 그저 잠자코 있었다고 해요. 상대는 아마 아무 말 없이 지나치는 그 사람의 태도에 불만을 느꼈을 테죠. 저는 그 사람에게 '마음을 전하는 것은 중요하니 그저 웃는 얼굴로 인사하라'고 제안했습니다. 그 사람은 놀라는 눈치였으나 곧 마음을 다잡고 누군가를 만날 때마다 환하게 웃으며 눈인사를 건넸어요. 그랬더니 상대도 몹시 기뻐했고, 관계도 좋아졌다고 합니다.

이 사례를 통해 알 수 있는 것은 누구나 '상대가 나를 어떻게 생각하는가'를 신경 쓴다는 사실입니다. 마주쳤을 때 아무 말 없이 지나가 버리면 상대는 '저 사람은 내가 싫은가?' 하고 걱정합니다. 그러나 웃는 얼굴로 인사를 건네면 이쪽의 호의가 상대에게 명확하게 전해지기에 안심하며 기뻐하지요.

남의 시선을 몹시 신경 쓰고 있을 때는 웬일인지 이런 사실적인 '상대'의 모습이 눈에 들어오지 않아요. 그래서 '화술에 서투르니 아예 잠자코 있는 게 낫다' '재미도 없는 내 이야기를 듣고 싶은 사람은 없을 거야'라는 생각을 하기 십상이죠. 하지만 그런 태도 자체가 상대와 나 사이에 깊은 틈을 생기게

한다는 사실을 기억하세요.

POINT '상대는 나를 어떻게 생각할까?' 이렇게 남의 시선
에 신경 쓰는 사람은 당신 혼자만이 아니다.

7장

자신의 외모와
잘 지내는 법

외모로 스트레스를 받는 당신에게

지금까지 '남의 시선'이라는 문제에 대해 살펴보았는데요. 타인에게 보일 때 가장 신경 쓰는 부분은 역시 외모가 아닐까 합니다. 이번 장에서는 남의 시선이라는 문제에서 가장 큰 비중을 차지하는 '외모'와 잘 지내는 방법에 대해 살펴봅시다.

case 1

최근 SNS에서 '전철에 엄청나게 못생긴 사람이 탔어' '뚱뚱해서 방해돼' 이런 글이 올라오는 것을 자주 보았습니다. 심할 때는 온갖 욕설과 함께 몰래 찍은 사진도 인터넷에 공개됩니다. 저는 뚱뚱한 데다 못생겼어요. 그래서 언제 어디서 누가 저의 외모를 가지고 흉보는 게 아닐까 하는 생각에 두렵습니다. '저기서 웃고 있는 사람이 내 몸매를 보고 비웃은 게 아닐까?' 늘 이런 생각을 하며 불안해집니다.

·분석

사실 대다수 사람은 그다지 타인의 외모에 신경 쓰지 않아요. 남의 외모를 가지고 이러쿵저러쿵 말하는 사람은 자신의 외모에도 꽤 신경을 쓰는 부류입니다.

분명 타인의 외모를 두고 비웃는 불행한 사람도 있습니다. '불행한 사람'이라고 표현한 이유는 그만큼 그 사람의 인생이 공허하기 때문이에요. 인생에는 외모보다 더 중요한 일들이 가득하다는 사실을 모르고 있기 때문이죠.

· **해결법**

처지를 바꿔 생각해봅시다. 당신이라면 다른 사람의 몸매를 보며 비웃었을까요? 분명 그렇지 않을 거예요. 왜냐하면 외모는 스스로 선택할 수 없으니까요. 타인의 외모를 보고 비웃는 행동은 인간으로서 참 애처로운 짓입니다. 더 중요한 것들이 있다는 사실을 모르기에 타인의 외모를 비웃을 수밖에 없는 거죠. '불쌍하다'고 생각하는 정도로 충분합니다. 당신의 상냥함을 소중히 여기세요.

case 2

셀카나 스티커 사진에 멋지게 찍혀 있는 제 모습 말고는 인정하고 싶지 않아요. 그래서 평소에는 늘 마스크를 하고 다닙니다. 사진은 가장 예뻐 보이는 얼짱 각도로 마음에 들 때까지 찍을 수 있잖아요. 그런데 쇼윈도에 언뜻 비친 제 모습은 너무 미워요. 그 차이가 심해서 도저히 마스크를 벗을 수가 없습니다.

· **분석**

셀카로 예쁘게 사진을 찍는 기술, 스티커 사진의 과한 보정… 이런 것들을 마치 놀이인 양 즐긴다면 문제 될 게 없습니다. 하지만 사진이 자기 모습을 예쁘게 보이고 싶은 바람을 어느 정도 실현해주기에 꾸미지 않은 본래 자신과의 관계를 어렵게 만들고 있습니다.

· 해결법

'지금은 이대로 됐다'고 마음을 다독이세요. 요즘은 미세먼지 방지나 보온 목적 때문이 아니라도 마스크를 하고 다니는 사람들이 꽤 있잖아요. 정도의 차이는 있겠지만 자신을 감추고 싶은 마음을 표현하는 수단으로도 보입니다. 마스크가 안정을 가져다준다면 지금은 그것으로 충분해요.

'마스크를 벗을 수 없다'는 사실에 신경 쓰기보다는 '마스크를 하면 할 수 있는 일'에 관심을 가져보면 어떨까요? 그러면 점차 당신의 폭이 넓어질 것입니다. 그리고 언젠가는 마스크를 벗을 수 있을 거예요.

case 3

나이 들어서 '지금의 외모'를 잃게 될까 두려워요! 팔자주름이 뚜렷해지고 흰머리가 하나둘 생기고…. 나이 드는 제 모습이 싫어요. 앞으로 더 나빠지기만 할 텐데, 생각만 해도 너무 힘들어요.

· 분석

인간은 누구나 나이를 먹습니다. 변화는 누구에게나 스트레스죠. 게다가 '상실'이 두드러지는 '노화'라는 변화는 극복하기 매우 어렵습니다. 그러나 변화에는 부정적인 측면만 있는 게 아닙니다. 분명 긍정적인 측면도 있어요.

· 해결법

나이가 드는 것은 나쁘기만 하고 좋은 점이라고는 절대 없는 걸까요? 나이가 들수록 쌓이는 사회 경험, 함께 나이 들어가는 사람들과의 돈독한 연대 의식이라는 긍정적인 면도 있습니다. 그러니 많은 사람이 두려워하는 노화를 좀 다른 태도로 경험해보면 어떨까요? 인간은 생물이기에 당연히 나이를 먹고 흰머리가 나고 팔자주름도 깊어집니다. 그런 변화를 두려워하지 말고 자연스럽게 받아들이면서 인간적으로 성장해보는 건 어떨까요? 만일 지금 나이든 당신을 부정적으로 바라보는 젊은 사람이 있다면 '아직 어려서 모르겠지만 언젠가는 너희도 나처럼 나이를 먹는다'는 정도로 너그럽게 봐주는 마음을 가져보세요.

'나이가 들어 이제 이건 못한다' '이런 옷은 이제 입을 수 없다' 등등 나이를 핑계로 자신의 한계를 스스로 설정하는 일을 그만두는 것만으로도 '상실'을 줄일 수 있습니다. 나이 들어도 멋있는 사람은 있어요. 옷을 잘 차려입은 늠름한 사람, 당당해 보이는 서양인, 나이가 들수록 기품이 느껴지는 사람… 등등 찾아보면 얼마든지 본보기를 찾을 수 있습니다. 스스로 그런 사람이 되기 위해 노력해보는 건 어떨까요?

콤플렉스를 감춰주는 화장품에 집착합니다. 사춘기 때부터 피부병이 심해서 고민이었어요. 그것을 해결해줄 이상적인 화장품을 찾았는데도 멈출 수가 없습니다. 효과 있는 상품을 찾아도 '이것이 이만큼 효과가 있으니 더 좋은 게 있을 거야' 하는 욕심에 자꾸만 더 좋은 것을 찾게 됩니다.

· 분석

사람에게는 각자의 사정이 있습니다. 그리고 선천적인 체질, 피부 상태 같은 것은 스스로 선택할 수 없어요. 그러나 같은 피부 상태라도 지나치게 신경이 쓰일 때와 그렇지 않을 때가 있습니다. 자신의 결점에 신경 쓰는 정도를 근거로 실생활에서 자신이 얼마만큼 스트레스를 받고 있는지 가늠할 수 있지요.

· 해결법

'좀 더 나은 것'을 갈구할 때일수록 인생은 생각대로 순조롭게 흘러가지 않아요. 이 고민은 피부보다는 어느 누군가와의 관계가 삐걱거리거나 목표를 잃는 등 다른 데 문제가 있을지도 모르겠네요. 따라서 본인이 화장품에 왜 집착을 하는지 자신의 생활을 돌아보고 스트레스나 불안감을 낳는 근원이 무엇인지 찾아봅시다.

　피부병이 심해 일이 잘 안 되는 게 아니라 일이 순조롭게 흘러가지 않아서 자꾸만 피부에 신경 쓰이는 것으로 생각하면 분명 다른 시야가 열릴 거예요. 그리고 이 문제를 해결하는 방법이 화장품은 아니라는 것을 깨닫게 될 겁니다.

　스트레스로 가득한 시기에는 자신을 격려할 필요가 있습니다. 겉모습을 예쁘게 치장하기보다는 따끈한 욕조에 몸을 담그고 몸과 마음에 쉬는 시간을 주세요.

8장

행동을 제한하는
남의 시선과
잘 지내는 법

요즘 '일 못하는 사람의 특징 6' '미움받는 사람의 말버릇 5' 같은 부류의 기사들이 눈에 띄는데요. 그만큼 '일 못하는 사람으로 평가받지 않도록' '미움을 사지 않도록' 자신의 행동을 제어하는 사람이 증가하고 있습니다.

본디 우리에게는 법에 저촉되지 않는 범위 내에서 자신의 의견대로 행동할 자유가 있어요. 하지만 남의 시선에 신경 쓴 나머지 자신을 스스로 옭아매는 사람이 많죠. 이번 장에서는 그런 사례에 대하여 살펴보겠습니다.

case 5

제 행동이 '인정받고 싶어 하는 것처럼 보이면 어쩌지?' 하는 생각에 안절부절못합니다. 한밤중 업무 메일을 보내기 전에는 '이 시간까지 일한다고 으스대는 것처럼 보이려나?' 유독 오늘 얼굴이 엉망이라고 말하고 싶은데 '괜찮다는 말을 듣고 싶어 한다고 생각하면 어쩌지?' 전철 안에서 경제경영서를 읽을 때 '유능해 보이려고 애쓴다고 생각하면 어쩌나?' 이런 생각에 늘 움찔거려요. 제가 왜 이러는 걸까요?

· 분석

각각의 행동은 매우 자연스러워 보입니다. 업무 메일을 보내는 게 때마침 한밤중이고, 자기 얼굴에 불평하고 싶을 때도 있죠. 언제 무슨 책을 읽든 그것은 본인의 자유고요. 고민을 보면 아무래도 당신은 자신을 위해 사는 것 같지 않고, 마치 타인을 위해 사는 듯 보이네요.

이렇듯 자신의 행동을 남들이 어떻게 생각할지 신경 쓰는 이유는 사회에 팽배한 '괴롭힘 대물림' 현상 때문일지도 모릅니다. 이런 시대가 어서 흘러가버리길 바랍니다.

· 해결법

하지만 지금은 아직 '그런' 시대입니다. 그러니 너무 걱정된다면 한밤중에 메일을 보내게 되었을 때 '좀 서둘렀어야 했는데 이제야 보낸다'는 말을 덧붙이면 완만히 넘어갈 수 있겠죠. '괜찮다고 위로받고 싶은 건 아니야. 그냥 오늘따라 내 얼굴이 좀 미워 보여서'라고 솔직하게 말하고 경제경영서를 읽는 모습을 보이고 싶지 않다면 책에 커버를 씌워보세요.

단, 이런 방법은 어디까지나 '세상살이를 위한 대증요법'으로 각자가 조금씩 용기를 내어 우리가 살아가는 이곳의 문화를 본질적으로 바꿔나가야 합니다.

case 6

제가 의사소통에 서툰 걸 상대가 알아차리기 전에 '저는 의사소통에 서툽니다'라고 자진 신고를 합니다. 상대의 기대에

못 미칠지도 모르니 미안하다는 의미에서 미리 이야기하지요. 그런데 친구는 '그런 말을 미리 해버리면 분위기가 어색해져도 네 잘못이 아니게 되는 거'라며 자진 신고가 도망치려는 핑계라고 하네요. 친구 말처럼 자기방어를 위한 변명은 하지 않는 게 좋을까요?

· **분석**

당신의 말을 분위기가 어색해진 책임에서 도망치려는 핑계로 단정하다니 정말 매정한 평가네요. 아마 그 친구는 평가체질의 사람일지도 모릅니다. 진지하게 받아들이지 말고 '그럴지도 모른다'는 정도로 회피하세요. 거리를 두는 게 좋은 사람일지 모르겠네요.

· **해결법**

자기방어를 위한 말을 하고 싶다면, 그 말로 어떤 마음을 전하고 싶은지를 함께 전하면 좋습니다.

'제가 낯가림이 심해서 분위기가 좀 어색해질지도 모르니 미안합니다.'
'의사소통에 서툴러서 대화가 부드럽게 이어지지 않을 수도 있으니 미안합니다.'

이런 식으로 말해두면 분위기가 나빠져도 '내 탓이 아니'라는 책임회피처럼 보이지도 않고, 자신을 있는 그대로 솔직하게 보여주는 대화가 됩니다. '그럴 리가요. 저도 그런걸요' 하며 대화가 자연스럽게 이어질지도 모르죠.

case 7

낙인이 찍히지 않도록 어휘를 신중하게 고르다 보니 제 생각을 있는 그대로 말하기가 어려워요. 좋아하는 책 제목이나 좋아하는 예술인을 말하면 '지식인인 척 보이려고 한다'며 야유를 보냅니다. 이런 식으로 상대에게 낙인을 찍는 사람에게 정말 화가 나요. 낙인찍히는 게 싫어서 어떤 말을 하기 전에 '이 말을 하면 또 무슨 낙인이 찍힐까'를 자문한 뒤에 말을 하기도 합니다. 그게 왠지 분해요.

· 분석

누군가에게 '당신은 이런 사람'이라며 낙인을 찍는 것은 언어폭력입니다. 그런데 왜 사람들은 남을 쉽게 단정하는 것일까요? 조금만 깊이 생각해보면 일단 안심할 수 있기 때문이라는 점을 알 수 있습니다. 받아들이기 어려운 이야기는 '○○하다'고 단정해버리면 쉬워지기 때문이죠. 즉 상대는 당신의 이야기를 귀 기울여 듣지 않는다는 뜻입니다.

· 해결법

상대에게 얼마나 기대하세요? 이것은 의외로 중요한 판단입니다. 낙인이 찍히고 몇 차례 피해를 당했다면 '이 사람과 이런 대화를 나누는 건 위험해' '이 사람과는 이 정도에서 대화를 마무리하는 게 좋겠어'라고 판단해도 좋습니다. 그것을 분하게 생각할 게 아니라 상대에 대한 배려로 생각해보세요. 자신보다 생각이 깊지 않은 사람이 어쩔 수 없이 가지는 한계라고 봐도 좋고요.

case 8

마음 편히 혼자 있는 것을 좋아하지만 친구가 없는 외로운 사람으로 동정받기는 싫어요! 맛집을 탐방하는 취미가 있어서 종종 혼자 밥을 먹으러 가는데, 대개 커플이나 가족 동반, 친구끼리 온 사람들이 많습니다. 그들이 저를 보고 '혼자 외롭지 않을까?' '외톨이'라며 동정하는 시선을 보내는 것 같아 정말 싫어요. 아무 생각 없이 카페에서 디저트를 즐기고 싶은데, 도무지 남의 눈치가 보여 맛을 음미할 수가 없습니다.

· 분석

만일 혼자 온 당신을 동정하는 사람이 있다면 그건 그 사람의 세계관이 좁은 거예요. 혼자서 행동할 자유를 모르는 사람이죠. 인생에서 자신이 하고 싶은 일을 함으로써 맛보는 만족감은 다른 어떤 것으로 대체하기 어렵습니다. 친구가 있든 없든 상관없어요. 사람에 따라서는 친구가 없으면 견디지 못하기도 하지만 당신은 혼자서도 아주 괜찮아요.

· 해결법

항상 다른 사람들과 함께 다니는 사람이 당신을 보면 '외톨이'라고 생각할 수도 있습니다. 그러나 세상을 둘러보면 혼자서 먹고 마시는 사람은 얼마든지 있어요. 물론 그게 나쁜 일도 아니고요. 오히려 혼자만의 시간을 잘 즐기는 모습이 얼마나 멋진지를 가르쳐준다는 심정으로 지내보면 어떨까요? 실제로 남이 시켜서가 아니라 자신이 하고 싶은 일을 할 수 있다는 것은 자립한 인간으로서 매우 멋진 모습입니다.

case 9

저는 얼굴도 못생겼고 키도 작고 학력도 낮은 데다 수입도 적습니다. 지방대 출신에, 소위 말하는 대로 '스펙(본래 컴퓨터 성능을 표현하는 말이지만 '사람의 신체적 특징, 취미, 학력, 업무 능력 등의 급수를 나타내는 말'로 사용되고 있음)'이 낮아요. 그래서 '높은 스펙'의 연인을 만나 부러움을 사고 싶지만, 워낙 제 스펙이 낮으니 이성에게 말을 건넬 마음조차 생기지 않아요.

· 분석

사람을 '스펙'이라는 관점으로 본다면 이미 작은 트라우마의 세계에 살고 있는 겁니다. 사람은 물건이 아니에요. 물건은 부품을 교체해서 더 좋아질 수 있지만 인간은 각자의 사정에 따라 '도저히 변할 수 없는 부분'이 있기 마련이니까요. 따라서 '스펙'이라는 개념을 적용해서는 안 됩니다.

· **해결법**

자기 스펙을 높이거나 스펙이 높은 연인을 얻는다고 해서 문제가 해결되지 않습니다. 자신은 물론 타인까지 물건 취급하는 것을 그만두고 스펙의 세계에서 완전히 벗어나야 해요. 스펙에 연연하지 말고 성실히 살아가고, 성실한 사람을 찾고, 친절하게 행동합시다. 이런 사람만이 할 수 있는 일을 해보는 거예요. 성실하고 친절한 인품은 출신지 같은 것보다 훨씬 훌륭합니다. 해답은 그곳에 있을 거예요.

case 10

부부 관계는 완전히 싸늘하게 식어버렸는데, 세상의 이목이 무서워 이혼을 단념하려 합니다. 남의 시선에 신경 쓰지 않고 마음 가는 대로 살아가면 정신적으로 편하다는 것을 잘 알지만, 지금까지 순풍에 돛 단 듯 살아온 인생에 이혼으로 생채기를 만들고 싶지 않다는 마음도 듭니다.

· **분석**

이혼을 하면 물론 여러 가지로 마음의 상처를 입을 테지만, 이혼 그 자체는 '상처'도 그 어떤 것도 아니에요. 그저 인생을 살아가는 한 가지 방법일 뿐이죠. 이혼이라는 선택지는 순풍에 돛 단 듯한 당신의 인생에 나름의 변화를 주는 한 줄기 바람을 의미합니다.

· 해결법

당신의 친한 친구가 '세상의 이목 때문에 이혼을 결심할 수 없다'며 변화를 꾀하지 않아 스트레스로 가득한 나날을 보내고 있다면 뭐라고 말해줄 건가요? '네 인생에 오점을 만드는 일이니 그만둬'라고 말할 생각인가요?

이혼에 이르는 사정은 저마다 다릅니다. 함께 인생을 걸어가자는 마음에서 결혼한 사람이라도 시간이 지나 각자 다른 방향을 바라보게 되는 것은 어쩔 수 없는 일이에요. 친구가 이혼했다면 '상처 입은 자'로 평가하기보다 생활의 큰 변화로 인해 스트레스가 많은 시기를 잘 살아낼 수 있도록 힘이 되어주는 건 어떨까요?

'세상의 이목'이란 사람들의 집합체입니다. 평가체질의 사람은 이혼에 대해서도 가차 없이 평가할지도 모르죠. 그러나 그 사람들이 '세상'을 대표하는 건 아니잖아요. 그런 사람들에게 자신의 인생이 점령당하지 않도록 주의합시다.

9장

남의 시선에
신경 쓰는
마음에서 벗어나
인생을 펼쳐라

진짜 세계가 보이나요?

　남의 시선에 사로잡혀 있을 때, 우리는 오직 '내가 어떻게 보일까'라는 생각에서 벗어나지 못합니다. 상대의 실제 모습은 물론 자신의 진짜 모습도 보지 못하죠. 마치 고도근시인 사람이 안경을 쓰지 않고 가까운 한곳만 보며 살아가는 것과 같아서 자기 주위에 펼쳐진 진짜 세계는 보이지 않습니다.

　그런데 남의 시선에 신경 쓰는 마음에서 벗어나면 시야가 넓어져요. 앞서 이야기했듯 상대도 여러 가지 사정이 있고, 그로 인해 어떤 식으로든 마음이 움직일 수 있다는 것을 깨닫게 됩니다. 노력해도 도저히 어쩔 수 없는 부분이 있다는 점을 인정하는 거죠.

　또한 자기 자신에 대해서도 더욱 깊이 생각하게 됩니다. 남의 시선에 신경 쓸 때 우리는 늘 자신의 '부족한 부분을 찾아내어' 한심하고 못난 부분만 봅니다. 자신이 어떻게 보일지를 스스로 점검하고 비판받을 만한 구석은 없는지 살피죠. 그것에 묶여 될 수 있는 대로 비판받지 않는 모습을 만드는 데 많은 에너지를 사용해서 자신의 긍정적인 모습을 알아차리지 못합니다.

　118쪽에서 소개한 애티튜디널 힐링센터의 봉사활동은 늘 제게 따뜻한 마음이 있음을 일깨워줍니다. 상대의 이야기를

내 머릿속 정보만을 가지고 평가하면서 듣는 한 그런 깨달음
은 얻을 수 없어요. 그러나 자기 머릿속 정보를 뒷전으로 미
뤄두면 내면에서 온기가 훈훈하게 뿜어져 나와 상대에게 전
해질 것입니다. 그 온기는 물론 자신을 향하기도 합니다. '사
람이라 참 좋구나!' 하는 감상에 젖게 될지도 몰라요.

POINT 남의 시선에 신경 쓰는 마음을 벗어던지면 시야는
넓어진다.

자기 안의 풍요로운 힘을 알아차린다

남의 시선에 사로잡혀 살든가, 거기서 벗어나든가, 이 선택은 매우 개인적인 것입니다. 그러나 남의 시선에 사로잡혀서 사는 한 인생의 폭은 좁아지고 고통스러워집니다. 게다가 자기 안에 있는 풍요로운 힘을 깨닫지 못하니 매우 안타까운 일이죠. '타인은 자신을 평가하고 상처 주는 존재'라는 신조를 언제까지고 내려놓지 못하면 인생의 질이 크게 떨어질 것입니다.

자기 안에 있는 풍요로운 힘을 알아차리고 그 힘을 통해 상대, 물건, 음식, 음식을 만든 사람 등과 관계를 맺어야만 인생의 폭은 넓어지고 세상에 대해 지금까지 깨닫지 못한 풍요로움을 알게 됩니다. 고도근시인 사람이 처음으로 안경이나 콘택트렌즈를 했을 때처럼 상쾌하고 선명한 시야가 펼쳐지는 것이죠.

우리는 작은 트라우마를 받는 과정에서 '나는 이 정도의 인간'이라는 신념 같은 것을 가지게 됩니다. 그것은 자신의 특성에 의해 정해지는 게 아니라 단순히 작은 트라우마를 안겨준 사람들이 가진 작은 트라우마를 반영한 것이죠.

'그런 신념에 따르며 일생을 살아갈 것인가?' '결국 나도 나 자신은 물론 남들에게 작은 트라우마를 안겨줄 것인가?' 혹은 '용기를 내 한 걸음 내딛어 진정한 자신과 만날 것인가?' 앞으로 어떻게 할지 선택할 힘은 당신에게 있습니다.

POINT 우리는 작은 트라우마에서 벗어나 진짜 자신과 만날 충분한 힘을 가지고 있다.

'친절'과 만나기 위하여

사람은 본디 친절합니다. 그러나 작은 트라우마의 영향을 강하게 받으면 '타인은 나를 평가하고 상처 주는 존재'라는 신념이 강해지는데, 주위에 '무심코 상처 주는 말을 하는 사람' '평가체질의 사람'이 있다면 그 신념은 더욱 강화되지요. 이들은 친절하지 않은 게 아니라 원래는 친절하지만 각자의 사정 때문에 그 친절이 보이지 않는 행동을 할 뿐입니다.

물론 상대가 현재 처해 있는 사정을 대신 해결해줄 수는 없어서 현시점에서는 상대의 '친절'을 도저히 느낄 수 없는 때도 있겠지요. 그러나 상대에게 어떤 사정이 있는지 귀 기울여 듣거나 '공격'처럼 보이는 행동을 '마음의 비명'으로 보는 관점을 가진다면 친절을 느끼지는 못하더라도 '열심히 산다'고 생각할 수는 있습니다.

남에게 상처를 주는 말이나 행동은 상대가 열심히 살아가다 각박한 상황을 맞닥뜨린 경우에 나오는 것으로 진짜로 남을 상처 주기 위해 한 말은 아니라는 것도 알게 됩니다. '공격받았다!'는 생각에 반격하거나 자기 정당화를 하면 상대 역시 반격이나 자기 정당화를 해옵니다. 이때 '몹시 힘들구나' 하는 따스한 시선을 보내면 상대의 공격 에너지가 줄고 친절한 측면이 여실히 보일 것입니다. 적어도 극렬한 반격을 받게 되는 일은 없을 거예요.

　남의 시선에 신경 쓰는 마음을 내려놓는다는 건 자신을 열어 보이는 태도입니다. 예컨대 지금 자기가 남의 시선에 신경 쓰고 있다는 걸 상대에게 전하기만 해도 자신의 진짜 모습을 꽤 보여주는 셈이죠. 그 말에 '나 역시도 그렇다'며 맞장구를 쳐주는 사람도 있을지 몰라요. 그러면 서로의 마음이 이어지는 느낌이 들 것입니다. 이전보다 더 친절히 대하는 사람도 있을 테고요.

　상대의 친절을 느끼기 위해서는 그저 기다리기만 할 게 아니라 자신의 관점을 바꾸거나 솔직한 모습을 보여줘야 합니다. 왜냐하면 사람은 본디 친절하지만 그럴 수 없을 때는 자기방어를 하기 때문이죠. 친절한 마음을 보이면 오히려 당한다고 믿는 사람들에게는 '자신을 솔직히 보여도 괜찮다'는 안도감을 안겨주면 마음을 열기도 합니다. 따라서 우선은 자신을 먼저 보여주는 것이 매우 효과적인 방법일 수 있어요. 단, 평가체질의 사람에게는 자신을 보여주기보다는 그가 보이는 부정적인 행동이나 말을 '마음의 비명'으로 생각하는 관점 전환이 안전할 수도 있습니다.

　POINT 상대의 친절을 끌어내기 위해서는 자신의 관점을 바꾸거나 먼저 자신을 보여주는 방법이 효과적이다.

활동 범위가 넓어진다

남의 시선에 신경 쓰는 마음은 우리의 행동을 꽤 구속합니다. 예컨대 체형에 신경 쓰는 사람은 '살만 빼면 ○○할 수 있다'고 생각하겠죠. 그러면서 동시에 '날씬하지 않은 지금은 ○○할 수 없다'며 자신의 행동을 구속합니다. 또 '사교적으로 자신 있다면 여러 곳에 얼굴을 내밀 텐데'라고 생각하는 사람은 '사교적이지 못해 자신 없는 지금은 여러 곳에 얼굴을 내밀 수 없다'는 식으로 행동에 제약을 두겠죠.

남의 시선에 신경 쓰는 마음에서 벗어날 수 있다면 이 같은 행동 제한도 얼마든지 벗어던질 수 있습니다. '살을 빼지 못했지만 ○○하고 싶다' '사교적이지 않고 좀 자신 없지만 그래도 여러 곳에 얼굴을 내밀어보자' 하고 활동 범위를 넓혀보세요. 활동 범위가 넓어지면 그만큼 시야가 확대되어 실제로 여러 사람과 관계를 맺을 수 있습니다. 타인의 사정을 이해함과 동시에 자신이 인정받을 기회가 늘어나면 그 결과 더욱 쉽게 남의 시선에 신경 쓰는 마음을 벗어던질 수 있습니다.

이는 '현재와의 관계'라는 관점에서도 중요합니다. '살만 빼면 ○○할 수 있을 텐데'라는 말은 '살을 빼기 전까지는 인생을 보류한다'는 뜻이나 마찬가지예요. 진짜 인생이 살을 뺀 뒤에 시작된다고 한다면 그전까지의 인생은 무엇일까요? 이

것이 미래가 현재를 지배하는 현상입니다.

'사교적으로 자신 있다면 여러 곳에 얼굴을 내밀 수 있을 텐데'라는 생각도 마찬가지예요. 진짜 인생은 사교적으로 자신감이 생기고 난 이후에나 시작된다면 인생은 영원히 시작되지 못할 거예요. 왜냐하면 '사교적인 나'는 '현재'에만 존재할 수 있기 때문입니다.

현재의 자신을 보이면서 마음의 교류가 조금씩 쌓여야만 그 끝에 '사교적이고 자신 있는 미래' '사교적인 나를 긍정적으로 생각할 수 있는 미래'가 찾아옵니다. 미래는 독립적으로 존재하지 않아요. 오로지 현재를 한 걸음 한 걸음 살아가는 그 끝에 미래가 있습니다.

POINT 남의 시선에 신경 쓰는 마음을 벗어던지면 활동 범위가 넓어지고, 활동 범위가 넓어지면 더욱 남의 시선을 신경 쓰지 않게 된다.

치유가 필요한 시기

사실 남의 시선을 신경 쓰는 마음이 늘 한결같은 것은 아닙니다. 인생을 살아가는 가운데 남의 시선을 신경 쓰게 되는 특정한 시기가 있어요. 어릴 때도 남의 시선에 신경 쓰는 마음이 강할 때와 그렇지 않을 때가 있고요.

전반적으로 남의 시선에 신경 쓰는 마음이 강할 때는 스트레스가 많을 때입니다. 이 책에서도 살펴보았듯이 남의 시선에 신경 쓰는 마음이란 자신이 없다는 것을 나타내는데요. 자신을 부정적으로 생각할 때나 불안할 때는 당연히 남의 시선에 신경을 쓰게 되는 법입니다.

따라서 남의 시선을 신경 쓰는 마음이 강할 때는 '지금 어떤 스트레스를 받고 있고, 스스로 자신을 어떻게 생각하는지'를 잘 생각해보는 게 좋아요. 바로 이 지점이 우리의 운명을 가릅니다. 남의 시선에 신경 쓰는 마음이 강할 때는 자신을 잃게 되는 악순환에 빠지기 쉬워요. 치유가 필요하지만, 나선계단을 빙글빙글 돌듯이 자꾸 자신을 상처 주게 되는 거죠.

POINT 남의 시선에 신경 쓰는 때는 치유가 필요한 시기다. 스트레스를 판단 기준으로 활용하자.

남의 시선에 신경 쓰는
사춘기 여러분에게

　사춘기는 남의 시선이 참으로 신경 쓰이는 시기입니다. 이 시기에는 신체적인 변화가 큰 동시에 부모와 분리되어 자신을 확립하기 위하여 '자신'에 시선이 고정됩니다. 특히 '친구와 함께하는' 시기이기도 하죠. 초등학교 고학년부터 친구들끼리 그룹으로 행동하기 시작하는데, 공통점을 찾고 서로 다른 점을 배제하는 분위기가 싹틉니다. 이런 사회 경험은 자신을 확립하는 데 필요한 것 중 하나지만 이런 대인관계 방식이 자신에게 맞지 않으면 힘들 수도 있습니다.

　이 무렵에는 흔히 사람들이 소곤거리면 왠지 자신을 비웃는 것 같아서 신경이 쓰입니다. 그 모습에 어른들은 '사람은 남을 그다지 신경 쓰지 않는다'고 말할지도 몰라요. 하지만 사춘기 아이들은 실제로 소곤거리며 웃기도 합니다. 그만큼 타인을 신경 쓰고 성질이 다른 것을 배제하려 한다고 볼 수 있지요. 스포츠에 열중하는 사람이 그런 경향이 낮은 이유는 실제로 타인에게 거의 신경 쓰지 않기 때문입니다. '자신'이라는 의식이 생길 무렵에는 '타인'에게도 눈길이 가게 된다고 하면 이해하기 쉬울 거예요.

　이 시절에 주위 사람들이 소곤거리며 웃거나 소외당한 경험으로 인해 어른이 된 이후에도 대인관계에 어려움을 겪는 사람도 있습니다. 실제로 어른이 되면 각자 할 일이 많아 거의 타인을 신경 쓰지 않는데도 말이죠. 반대로 남의 시선만을 신경 쓰고 무리 지어 소곤거리며 웃는 행동을 두고 유치하다거나 사회적으로 부적절한 행동이라는 생각에 꺼리게 되기도 하고요.

그런데 사춘기 시절 대인관계의 행태를 인간의 본성으로 받아들이면 어른이 되고서도 남의 시선을 신경 쓰게 됩니다. 그리고 실제로 자신에게 전혀 신경 쓰지 않는 상대에게조차 '자신이 어떻게 보일지'를 신경 쓰죠.

사춘기 시절, 우리를 둘러싼 환경은 때때로 잔혹합니다. 어른이 되면 스스로 환경을 좋게 바꿀 수 있겠지만, 사춘기 때는 부모님의 돌봄 아래 지내고 학교도 간단히 바꿀 수 없으니까요. 학교는 사회에서 독립된 공간으로 여기서 고통받는 아이는 고립무원으로 깊은 절망에 빠질 수밖에 없습니다.

따라서 '남의 시선'이라는 문제를 비롯해 자신을 둘러싼 환경이 힘들다면 반드시 신뢰할 수 있는 어른에게 상담하세요. 부모님도 좋고, 부모님이 아니라도 좋아요. 평가체질의 사람은 피하세요. 평가체질의 사람에게 상담하면 '너무 신경 쓴다' '그 정도는 스스로 극복하라'라는 식의 말을 듣게 될지도 모르니까요. 상담해도 괜찮고 이해해줄 것 같은 어른이 좋습니다. 그 어른에게 누구와 상담하면 좋을지 의견을 구하는 것도 좋고요.

'어른이 되면 이런 일은 더는 일어나지 않아' '이것은 이 시기의 특징이야. 하지만 그래도 참 질이 나쁘구나. 그러니 학교에서는 거리를 좀 두는 게 어떨까?' 등등 자신이 처한 상황이 어느 정도인지를 판단해주는 것만으로도 큰 도움을 받을 수 있을 거예요.

POINT 사춘기는 남의 시선에 신경 쓰기 쉬운 시기다. 힘들 때는 학교라는 폐쇄 공간에서 벗어나 이야기할 수 있는 어른에게 상담해보자.

나가는 글

이 책을 어떻게 읽으셨나요? 우리는 여러 사례를 통해 남의 시선, 즉 '내 머릿속에서 상상한' 타인의 모습을 살펴보았습니다.

작은 트라우마를 겪고 나면 '이런 행동을 하면 ○○로 보이지 않을까' 하고 생각하게 됩니다. 물론 평가체질의 사람은 분명 존재합니다. 그들은 때때로 흠칫 놀랄 만큼 심한 말을 하기도 하죠. 그러나 '나였다면 그런 말을 했을까?'라고 자문하면서 차츰 머릿속에 자리 잡은 남의 시선에 대한 문제를 치유해가야 합니다. '타인에게 ○○로 보일지 모르니 정말 하고 싶지만 참자'는 태도보다는 '아아, 이것이 내 머릿속에 있는 남의 시선이구나' 하고 깨닫고 조금씩 자신을 치유해가는 데 힘을 쏟아야 합니다.

이 책을 읽고 '남의 시선에 신경 쓰는 마음'이 갖는 문제를 분명 이해했을 텐데 여전히 그것이 우리 인생을 단단히 옭아

맬 수도 있습니다. 무엇을 해도 머릿속에 '나를 ○○로 생각하면 어쩌지?' 하는 말들이 어지럽게 오가겠지요. 그러나 인간으로 태어났으니 인생을 즐겨야 하지 않을까요?

많은 사람이 사실 이와 비슷한 고민을 합니다. 따라서 이 책을 우리의 인생에 적용한다면 '남의 시선에 신경 쓰는' 문화가 점차 바뀔 것이라고 확신합니다.

여유롭게 살아가는 사람을 보면 '부럽다. 저 사람처럼 살고 싶다'고 생각하고 '그렇지. 나도 저렇게 여유를 가지고 살아가자'는 결심으로 이어지기도 합니다. '모두 같이'라는 것은 기껏해야 중학생 시절까지의 가치관이에요. 어른이 된다는 것은 다양성을 받아들이는 것입니다.

지금 사회는 너무도 당연하다는 듯 괴롭힘이 만연하고 있는데, 남의 시선에 신경 쓰는 마음을 내려놓자는 것은 '그런 사회를 이제는 바꿔보자'는 메시지이기도 합니다. 우리는 각자 성격과 모습이 다양하기에 좋습니다. 남과 달라서 좋습니다. 그런 메시지를 전하는 사람이 되어보지 않을래요? 저 역시 그런 마음에서 이 책을 세상에 내놓았습니다.

마지막으로 편집에 온 힘을 쏟아주신 고분샤의 스다 나츠코 씨에게 마음을 담아 감사의 인사를 전합니다.

오늘도 남의 눈치를 보았습니다

1판 1쇄 인쇄 2018년 10월 19일
1판 1쇄 발행 2018년 10월 25일

지은이 미즈시마 히로코
옮긴이 박재현

펴낸이 김성구
책임편집 구소연
단행본부 류현수 이은정 고혁 현미나
디자인 한아름 문인순
제　작 신태섭
마케팅 최윤호 나길훈 유지혜 김영욱
관　리 노신영

펴낸곳 ㈜샘터사
등　록 2001년 10월 15일 제1-2923호
주　소 서울시 종로구 창경궁로35길 26 2층 (03076)
전　화 02-763-8965(단행본부) 02-763-8966(마케팅부)
팩　스 02-3672-1873　**이메일** book@isamtoh.com　**홈페이지** www.isamtoh.com

한국어 판권 © ㈜샘터사, 2018, Printed in Korea.

ISBN 978-89-464-2091-5　03180

이 도서의 국립중앙도서관 출판예정도서목록(CIP)은 서지정보유통지원시스템 홈페이지(http://seoji.nl.go.kr)와
국가자료공동목록시스템(http://www.nl.go.kr/kolisnet)에서 이용하실 수 있습니다. (CIP제어번호 : CIP2018031526)

값은 뒤표지에 있습니다.
잘못 만들어진 책은 구입처에서 교환해드립니다.